Het wonder van San Baudolino

'De bibliotheek'
vertaald door Martine Vosmaer

'Tot onze spijt… (leesrapporten voor de uitgever)'
'De ontdekking van Amerika'
'Het wonder van San Baudolino'
'Italië 2000'
vertaald door Yond Boeke en Patty Krone

'Het wereldkampioenschap en zijn show'
vertaald door Mimi van Rhijn

Umberto Eco

Het wonder van San Baudolino

2001 Ooievaar Amsterdam

Deze uitgave wordt u aangeboden door samenwerkende uitgeverijen
Prometheus/Bert Bakker/Ooievaar.

© 1968, 1972, 1981, 1983, 1992, 2001 Umberto Eco
© 1988, 2001 Nederlandse vertaling Uitgeverij Bert Bakker en Martine Vosmaer
© 1992, 1993, 2001 Nederlandse vertaling Uitgeverij Bert Bakker, Yond Boeke en
Patty Krone
© 1985, 2001 Nederlandse vertaling Uitgeverij Bert Bakker en Mimi van Rhijn
Omslagontwerp Erik Prinsen, Venlo
ISBN 90 5713 610 4

Uitgeverij Ooievaar is onderdeel van Uitgeverij Prometheus

INHOUD

Ik denk dat het passend is in een zo eerbiedwaardige omge-
ving, net als bij een religieuze ceremonie, te beginnen met een
lezing uit de Schrift, niet ter informatie, want als een heilig
boek wordt gelezen, weet iedereen al wat er in het boek staat,
maar met een liturgisch doel en om de juiste geestesinstelling
te krijgen. Dus:

'Het heelal (dat anderen de Bibliotheek noemen) bestaat uit
een onbepaald, en misschien oneindig aantal zeshoekige cellen, met grote, door heel lage balustrades omheinde ventila-
tieputten in het midden. Vanaf elke zeshoek kan men de lager
en hoger liggende verdiepingen zien: eindeloos. De indeling
van de cellen varieert niet. Twintig planken, vijf brede planken
per zijkant, bedekken alle zijkanten op twee na; de hoogte is
die van verdiepingen en is nauwelijks iets meer dan die van
een normale bibliothecaris. Een van de vrije zijvlakken komt
uit op een nauwe hal, die op een andere cel uitloopt, precies
gelijk als de eerste en als alle andere. Links en rechts van de hal
zijn twee heel kleine kamertjes. In het ene kun je net staande
slapen; in het andere de fecale behoeften bevredigen. Daar-
doorheen loopt de spiraaltrap, die naar de diepte verdwijnt en
opwaarts reikt naar de verten. In de hal is een spiegel, die ge-
trouw de werkelijkheid verdubbelt. [...] Bij elke muur van
elke zeshoek horen vijf boekenplanken; op elke plank staan

tweeëndertig boeken van eenzelfde formaat; elk boek heeft vierhonderdtien bladzijden; elke bladzij veertig regels, elke regel ongeveer tachtig zwarte letters. Ook staan er letters op de rug van elk boek; die letters geven niet aan wat de bladzijden zullen behelzen, zij roepen geen beeld daarvan op. Ik weet dat dat gebrek aan samenhang wel eens geheimzinnig scheen. [...] Vijfhonderd jaar geleden vond het hoofd van een hoger gelegen zeshoek een boek dat net zo verward was als de andere, maar waarin bijna twee bladzijden gelijksoortige regels stonden. Hij liet zijn vondst zien aan een ambulante ontcijferaar, die hem zei dat ze in het Portugees gesteld waren; anderen zeiden hem dat het in het Jiddisch was. Een eeuw geleden kon de taal worden ondergebracht: een Samojeeds Litouws dialect van het Guaraní, met vormen van klassiek Arabisch. Ook werd de inhoud ontcijferd: denkbeelden over combinatieanalyse, geïllustreerd met voorbeelden van variaties met onbeperkte herhaling. Die voorbeelden stelden een geniale bibliothecaris in staat de fundamentele wet van de Bibliotheek te ontdekken. [...] De goddelozen beweren dat de dwaasheid normaal is in de Bibliotheek en dat het redelijke (en zelfs de eenvoudige, zuivere samenhang) een bijna wonderbaarlijke uitzondering is. Ze spreken (dat weet ik) over de "koortsachtige Bibliotheek, waarvan de noodlottige delen steeds kans lopen in andere veranderd te worden en die alles bevestigen, ontkennen en verwarren als een ijlende godheid". Die woorden die niet alleen de wanorde denonceren maar er ook een voorbeeld van zijn, bewijzen duidelijk hun zeer slechte smaak en hun hopeloze onwetendheid. Inderdaad bevinden zich in de Bibliotheek alle woordstructuren, alle variaties die de vijfentwintig symbolen toelaten, maar geen enkele absolute dwaasheid. [...] Spreken is in nodeloze herhalingen vervallen. Dit nutteloze zweverige epistel bestaat al in een van de dertig boeken van de vijf planken van een van de ontelbare zeshoeken – en ook de weerlegging ervan. (Een aantal n mogelijke talen gebruikt hetzelfde vocabulaire; in enkele is het mogelijk voor het symbool *bibliotheek* als juiste definitie *alomtegenwoordig en onvergankelijk systeem van zeshoekige vertrekken* te geven, maar *bibliotheek* is *brood* of *piramide* of wat ook maar, en de zeven woorden die er een definitie van geven betekenen iets anders. Jij, die me leest, versta je mijn taal wel?)' Amen!

Het fragment komt, zoals iedereen weet, uit 'De bibliotheek van Babel', van Jorge Luis Borges*, en ik vraag me af of veel van de hier aanwezige bibliotheekbezoekers, bibliotheekdirecteuren en bibliotheekmedewerkers, wanneer ze deze bladzijden weer horen en overdenken, niet eigen ervaringen herkennen, uit hun jeugd of uit later jaren, van lange gangen en lange zalen; je zou je namelijk kunnen afvragen of de bibliotheek van Babel, gevormd naar beeld en model van het heelal, niet ook naar beeld en model van vele mogelijke bibliotheken is gevormd. En ik vraag me ook af of het mogelijk is te spreken over heden of toekomst van bestaande bibliotheken wanneer we uitgaan van pure fantasiemodellen. Ik denk van wel.

Ik heb bijvoorbeeld verscheidene malen een methode gebruikt om uit te leggen hoe een code werkt. Het betrof een heel eenvoudige code van vier tekens en een indeling van boeken waarbij het eerste teken de zaal aanduidt, het tweede de wand, het derde de plank tegen de wand en het vierde de plaats van het boek op de plank, waardoor een aanduiding als 3-4-8-6 betekent: derde zaal vanaf de ingang, vierde wand links, achtste plank, zesde plek. Toen merkte ik dat je zelfs met zo'n eenvoudige code (het is geen Dewey) interessante spelletjes kunt spelen. Je schrijft bijvoorbeeld 3335.33335.33335.33335 en daar verrijst het beeld van een bibliotheek met een ontelbaar aantal vertrekken: elk vertrek is polygonaal, min of meer

* Jorge Luis Borges, 'De bibliotheek van Babel', uit *De Aleph*, vertaling Annie Sillevis, De Bezige Bij, Amsterdam 1986.

als de ogen van een bij, en kan 3000 of 33.000 wanden hebben. Overigens is de zwaartekracht niet van toepassing omdat de boekenplanken ook tegen de bovenwanden kunnen zitten, en die wanden, meer dan 33.000, zijn enorm, want ze kunnen 33. 000 planken bergen, en die planken zijn extreem lang, want ze kunnen elk meer dan 33.000 boeken bergen.

Is deze bibliotheek mogelijk of hoort zij alleen bij een fantasieheelal? In ieder geval biedt ook een code die ontworpen is voor een huisbibliotheek de mogelijkheid tot dit soort variaties en projecties en tot een voorstelling van polygonale bibliotheken. Ik stel dit voorop omdat ik, gedwongen door de vriendelijke uitnodiging mijn gedachten te laten gaan over wat er over een bibliotheek te zeggen valt, heb geprobeerd vast te stellen wat de duidelijke of onduidelijke doelstellingen van een bibliotheek zijn. Ik heb een korte inspectie gehouden in de enige bibliotheken waar ik toegang tot had, omdat ze ook 's nachts geopend zijn: die van Assoerbanipal in Ninive, die van Polycrates op Samos, die van Peisistratos in Athene, die van Alexandrië, die in de derde eeuw 400.000 titels omvatte en in de eerste eeuw, samen met die van Serapeum, 700.000 titels, verder die van Pergamum en die van Augustus (in de tijd van Constantijn waren er 28 bibliotheken in Rome). Verder ben ik redelijk vertrouwd met een aantal benedictijnse bibliotheken, en ik ben me gaan afvragen wat de functie van een bibliotheek is. In het begin, in de tijd van Assoerbanipal of Polycrates, was die misschien bewaren, om geen schriftrollen of banden rond te laten slingeren. Daarna zal zij de functie van schatbewaarder hebben gehad: de schriftrollen waren kostbaar. Vervolgens, in de tijd van de benedictijnen, overschrijven: de bibliotheek als een soort transitohaven, het boek komt aan, wordt overgeschreven, het origineel of de kopie vertrekt weer. Ik denk dat het in een bepaalde periode, misschien al tussen Augustus en Constantijn, ook tot de functies van een bibliotheek hoorde te laten lezen, en zich dus min of meer te houden aan de resolutie van de

UNESCO die ik vandaag onder ogen kreeg, waarin wordt gezegd dat een van de doelstellingen van een bibliotheek is het publiek in staat stellen de boeken te lezen. Maar daarna zijn er volgens mij bibliotheken ontstaan die de functie hadden níet te laten lezen, het boek te verhullen, te verstoppen. Natuurlijk waren die bibliotheken er ook om terugvinden mogelijk te maken. Wij staan er altijd van versteld hoe bedreven de vijftiende-eeuwse humanisten zijn in het terugvinden van verloren manuscripten. Waar vinden ze die? Die vinden ze in de bibliotheek. In bibliotheken die gedeeltelijk dienden om te verbergen, maar ook om te laten terugvinden.

Gezien de veelheid van doelstellingen van een bibliotheek zal ik zo vrij zijn een negatief model op te stellen, in 19 punten, van een slechte bibliotheek. Natuurlijk is het een fictief model, net als dat van de polygonale bibliotheek. Maar als bij alle fictieve modellen die, net als karikaturen, ontstaan uit het samenvoegen van paardennekken met menselijke lichamen, sirenenstaarten en slangenschubben, denk ik dat ieder van ons in dit negatieve model eigen ervaringen in de meest desolate bibliotheken in ons land en in andere landen zal herkennen. Een goede bibliotheek, in de zin van een slechte bibliotheek (en dus een goed voorbeeld van het negatieve model dat ik probeer op te stellen), moet vooral een verschrikkelijke *cauchemar* zijn, een absolute nachtmerrie, en wat dat betreft voldoet de beschrijving van Borges al goed.

A.   De catalogi moeten zo veel mogelijk zijn onderverdeeld: er moet veel moeite zijn gedaan om de boekencatalogus te scheiden van de tijdschriftencatalogus, en die weer van de catalogus op onderwerp, en de recente aanwinsten van de oudere aanwinsten. Indien mogelijk moet de spelling in de twee catalogi (recente en oudere aanwinsten) verschillend zijn: in de recente aanwinsten wordt retorica bijvoorbeeld met een r geschreven, in de oudere met rh; Chad in de nieuwe aanwinsten als Chad en in de oude als Tsjaad.

B.   De onderwerpen moeten worden bepaald door de bibliothecaris. De boeken moeten in het colofon geen aanduiding hebben over de onderwerpen waaronder ze moeten worden ingedeeld.

C.   De afkortingen moeten onmogelijk zijn, bij voorkeur talrijk, zodat iemand die het aanvraagbriefje invult nooit plaats heeft voor de laatste aanduiding en denkt dat die niet ter zake doet, zodat het personeel hem het briefje kan teruggeven om opnieuw in te vullen.

D.   Er moet veel tijd liggen tussen aanvraag en ontvangst.

E.   Men moet niet meer dan één boek tegelijk afgeven.

F.   De boeken die zijn ontvangen van het personeel mogen niet worden meegenomen naar de leeszaal omdat ze met een leenbriefje zijn aangevraagd, zodat men zijn leven moet verdelen in twee fundamentele aspecten, te weten: lezen en raadplegen. De bibliotheek moet het gelijktijdig lezen van meer boeken ontmoedigen aangezien dat scheelheid veroorzaakt.

G.   Indien mogelijk moeten kopieerapparaten helemaal ontbreken; maar als er een staat moet het gebruik ervan tijdrovend en omslachtig zijn en duurder dan in de kantoorboekhandel en moeten de mogelijkheden om te kopiëren beperkt zijn tot niet meer dan twee of drie bladzijden.

H.   De bibliothecaris moet de lezer beschouwen als een vijand, een leegloper (anders was hij wel aan het werk) en een potentiële dief.

I.   Bijna het hele personeel moet lichamelijk gehandicapt zijn. Ik kom hier op een heel pijnlijk punt, waar ik helemaal niet grappig over wil doen. Het is de taak van de gemeenschap om alle burgers een kans te geven, ook degenen die niet meer in de bloei van hun leven zijn of in het volle bezit van hun lichamelijke vermogens. Maar de gemeenschap geeft toe dat er, voor de brandweer bijvoorbeeld, een aparte selectie nodig is. Er zijn op Amerikaanse campussen bibliotheken waar de grootste aandacht is gegeven aan de gehandicapte bezoekers: schuine opgangen, speciale toiletten, zodat het levensgevaarlijk wordt voor de anderen, die uitglijden op de schuine opgangen.

Niettemin vereisen bepaalde werkzaamheden in een bibliotheek kracht en handigheid: klauteren, grote gewichten dragen, enzovoort, terwijl er ander werk is dat geschikt is voor alle burgers die zoeken naar productieve arbeid, in weerwil van beperkingen door leeftijd of andere oorzaken. En naar mijn mening valt bibliotheekpersoneel eerder in de categorie van brandweerlieden dan in die van bankemployés en dat is heel belangrijk, zoals we verderop zullen zien.

J.   De informatiebalie moet onbereikbaar zijn.

K.   Lenen moet worden ontmoedigd.

L.   Lenen uit andere bibliotheken moet onmogelijk zijn, in ieder geval moet het maanden in beslag nemen. Het is daarom beter ervoor te zorgen dat men er onmogelijk achter kan komen wat er in andere bibliotheken staat.

M.   Als gevolg van dit alles moet diefstal uiterst gemakkelijk zijn.

N.   De openingstijden vallen op wens van de vakbonden precies in werktijd: gesloten op zaterdag, zondag, 's avonds en tussen de middag. De grootste vijand van de bibliotheek is de ijverige student; de beste vriend is don Ferrante, iemand die niet naar de bibliotheek hoeft omdat hij een eigen bibliotheek heeft die hij bij zijn overlijden nalaat.

O.   Het moet niet mogelijk zijn binnen de bibliotheek iets te consumeren, op geen enkele manier, en het moet ook niet mogelijk zijn buiten de bibliotheek iets te gaan drinken zonder eerst alle geleende boeken te hebben ingeleverd, zodat je ze na de koffie opnieuw moet aanvragen.

P.   Het moet onmogelijk zijn je eigen boek de volgende dag terug te vinden.

Q.   Je moet er niet achter kunnen komen wie het ontbrekende boek heeft geleend.

R.   Indien mogelijk, geen toiletten.

En dan is er nog een vereiste Z: idealiter moet de gebruiker de bibliotheek niet kunnen betreden; gesteld dat hij dat wel doet, koppig en eigengereid gebruikmakend van een recht dat hij ontleent aan de principes van 1789, maar dat nog niet is doorgedrongen tot het collectieve bewustzijn, moet hij in ieder geval niet, nooit, afgezien van een snelle blik in de leeszaal, toegelaten worden tot het heiligdom van de boekenplanken.

Bestaat dit soort bibliotheken nog? Dat laat ik aan u over, ook al omdat ik moet bekennen dat ik, vol van de zoetste herinneringen (doctoraalscriptie in de Biblioteca Nazionale in Rome, toen die nog bestond, met groene lampen op de tafels, of middagen vol erotische spanning in de Sainte Geneviève of in de bibliotheek van de Sorbonne), met deze geliefde herinneringen uit mijn jeugd, op volwassen leeftijd nog maar zelden bibliotheken bezoek, niet om polemische redenen, maar omdat ik het te druk heb wanneer ik op de universiteit ben, en op de instituten kun je een student vragen het boek op te zoeken en te fotokopiëren; wanneer ik in Milaan ben, wat zelden voorkomt, ga ik alleen naar de Sormani, omdat er een uniform kaartsysteem is, en verder kom ik veel in bibliotheken in het buitenland, want als ik in het buitenland ben, maak ik er mijn beroep van iemand in het buitenland te zijn en ik heb daarom de tijd, heb 's avonds vrij en in veel landen kun je 's avonds naar de bibliotheek. Dus, in plaats van u hier de utopie van een volmaakte bibliotheek te schilderen, waarvan ik niet weet wanneer en hoe die verwezenlijkt zou moeten worden, vertel ik u het verhaal van twee bibliotheken op maat, twee bibliotheken waar ik van houd en die ik zo vaak mogelijk probeer te bezoeken. Daarmee wil ik niet zeggen dat het de beste ter wereld zijn of dat er niet méér zijn: het zijn bibliotheken die ik bijvoorbeeld het afgelopen jaar regelmatig heb bezocht, de ene een maand lang, de andere drie maanden: de Sterling Library van Yale en de nieuwe bibliotheek van de universiteit van Toronto.

Onderling zijn ze even verschillend als de Pirelli-wolkenkrabber en de Sant'Ambrogio, alleen al qua architectuur: de Sterling is een neogotisch klooster, de bibliotheek van Toronto een meesterwerk van hedendaagse architectuur; er zijn verschillen, maar ik zal proberen de twee samen te smelten om te verklaren waarom deze twee bibliotheken mij bevallen.

Ze zijn open tot middernacht, en ook op zondag (de Sterling is zondagochtend gesloten, maar blijft dan open van twaalf uur 's middags tot twaalf uur 's nachts, en is tevens op vrijdagavond gesloten). Goede indexen in Toronto, waar ook een rij beeldschermen en gecomputeriseerde kaartenbakken staan die eenvoudig in het gebruik zijn. In de Sterling zijn de indexen nog ouderwets, maar staan auteur en onderwerp bij elkaar, zodat onder een bepaald trefwoord niet alleen de werken van Hobbes, maar ook de werken óver Hobbes staan. De bibliotheek bevat bovendien verwijzingen naar boeken in andere bibliotheken in de regio. Maar het mooiste van deze bibliotheken is dat het depot, althans voor een bepaalde categorie lezers, toegankelijk is, dat wil zeggen dat je een boek niet aanvraagt, maar langs een elektronische Cerberus gaat met een pasje, waarna je de lift neemt naar het heiligdom. Je komt er niet altijd levend uit; in het depot van de Sterling is het bijvoorbeeld heel gemakkelijk een moord te begaan en het lijk te verbergen onder een paar kasten met landkaarten, waar het pas tientallen jaren later zal worden teruggevonden. Er is ook een geniepig verwarrende indeling in verdiepingen en tussenverdiepingen, zodat je nooit weet of je op de verdieping of op de tussenverdieping bent en dan de lift niet terugvindt; het licht gaat alleen aan op wens van de bezoeker, dus als iemand het knopje niet kan vinden zwerft hij eindeloos in het donker; in Toronto is daarentegen alles fel verlicht. Maar de bezoeker loopt rond en bekijkt de boeken in de kasten, waarna hij ze van de plank neemt en, in Toronto, naar zalen kan met prachtige stoelen om te gaan zitten lezen. In Yale is dat wat minder, maar in ieder geval kan hij met de boeken door de bibliotheek lopen om fotokopieën te maken. Er zijn enorm veel kopieerapparaten, in Toronto is een wisselkantoor waar je dollarbiljetten in muntjes kunt wisselen, zodat iedereen met kilo's muntjes naar zijn fotokopieerapparaat loopt en ook boeken van zeven-, achthonderd pagina's kan kopiëren; het geduld van de andere gebruikers is oneindig, ze staan rustig te wachten tot iemand die aan de machine bezig is, bij de zevenhonderdste bladzij is. Natuurlijk kun je het boek ook lenen, de uitleenformaliteiten zijn snel afgewikkeld: nadat je vrij hebt rondgelopen over de acht, vijftien, achttien verdiepingen van het depot en de boeken hebt genomen die je wilt, schrijf je de titel van het boek dat je hebt gepakt op een briefje, geeft dat af aan een balie en gaat naar buiten. Wie kan naar binnen? Degene die een pasje heeft, dat ook heel gemakkelijk te krijgen is, binnen één of twee uur, waarbij de persoonsgegevens soms per telefoon kunnen worden doorgegeven. In Yale bijvoorbeeld hebben alleen wetenschappers toegang tot het depot en studenten niet, maar er is daar een andere bibliotheek voor studenten, die geen heel oude boeken bevat, maar evenzeer voldoende titels heeft en waar studenten dezelfde mogelijkheden hebben als wetenschappers om de boeken te pakken en weer terug te zetten. Dat is in Yale allemaal mogelijk met een verzameling van acht miljoen titels. Natuurlijk staan zeldzame manuscripten in een andere bibliotheek die wat minder toegankelijk is.

Waarom is toegang tot de kasten zo belangrijk? Een van de misverstanden over de bibliotheek is het idee dat je naar de bibliotheek gaat om een boek te halen waarvan je de titel kent. Natuurlijk komt het vaak voor dat je naar de bibliotheek gaat omdat je een boek zoekt waarvan je de titel kent, maar de voornaamste functie van een bibliotheek, tenminste van de bibliotheek bij mij thuis en van die bij vrienden waar we over de vloer komen, is boeken te ontdekken waarvan we het bestaan niet vermoedden en die heel belangrijk voor ons blijken te zijn. Nu is het waar dat die ontdekking ook kan worden gedaan door de catalogus in te kijken, maar niets is onthullender en spannender dan in boekenkasten te neuzen die misschien alle boeken over een zeker onderwerp herbergen, wat je in een catalogus op auteur nooit zou ontdekken, en naast het boek dat je zocht een ander boek te vinden dat je niet zocht, maar dat essentieel blijkt. De ideale bibliotheek is dus een soort stalletje van een *bouquiniste*, een plek waar je *trouvailles* doet, en die functie is alleen mogelijk door vrije toegang tot de rijen boekenkasten.

Dan zal in een bibliotheek op mensenmaat de leeszaal de minst bezochte ruimte zijn. Wat dat aangaat zijn er niet eens meer veel leeszalen nodig, omdat het gemak van lenen, fotokopiëren en meenemen van boeken het verblijf in een leeszaal grotendeels overbodig maakt. Of de koffiekamer, de bar, de cafetaria met onder meer warme worstjes, waar je naartoe kunt met de boeken die je uit de bibliotheek hebt gehaald, doen dienst als leeszaal (zoals in Yale bijvoorbeeld), zodat je kunt doorwerken aan een tafel met koffie en een broodje of een sigaret, de boeken kunt bestuderen en besluiten of je ze terugzet of te leen vraagt, zonder dat iemand je controleert. In Yale word je aan de uitgang gecontroleerd door een medewerker die wat verstrooid in de tas kijkt die je mee naar buiten neemt; in Toronto is de rug van alle boeken gemagnetiseerd en de jonge student die het geleende boek inschrijft, haalt het over een apparaat dat de magnetisering weghaalt. Daarna ga je door een elektronisch poortje, net zoals op het vliegveld, en als iemand deel 108 van de *Patrologia Latina* in zijn zak heeft verstopt, rinkelt er een bel en wordt de diefstal ontdekt. Natuurlijk rijst in een dergelijke bibliotheek het probleem van de grote mobiliteit van de boeken en daarmee de moeilijkheid om het boek dat je zoekt of dat je de vorige dag hebt geraadpleegd te vinden. In plaats van algemene leeszalen zijn er 'boxen'. De wetenschapper vraagt een 'box' waar hij zijn boeken bewaart en waar hij kan studeren wanneer hij wil. In ieder geval kun je in sommige van die bibliotheken, wanneer je het boek dat je zoekt niet kunt vinden, binnen een paar minuten te weten komen wie het heeft geleend, en de lezer telefonisch opsporen. Dit alles heeft wel tot gevolg dat dit soort bibliotheken heel weinig bewakers heeft en veel medewerkers, een soort functionarissen die het midden houden tussen een officiële bibliothecaris en een magazijnknecht (over het algemeen zijn het fulltime of parttime studenten). In een bibliotheek waar iedereen rondloopt en boeken uit de kast haalt, blijven altijd overal boeken liggen die niet goed worden teruggezet, en deze studenten rijden rond met grote karren, brengen ze terug en controleren of alles min of meer op zijn plaats staat (dat is nooit het geval, het verhoogt het zoekavontuur). In Toronto is het me overkomen dat ik bijna geen enkel deel van de *Patrologia Latina* van Migne kon terugvinden; zo'n vernietiging van de raadpleegbaarheid zou een gevoelige bibliothecaris tot wanhoop drijven, maar zo is het nu eenmaal.

Dit is een bibliotheek op mijn maat, ik kan besluiten daar

een dag vol verrukkingen door te brengen: ik lees de kranten, neem boeken mee naar de bar, ga andere halen, doe ontdekkingen, ben daar gekomen om me bezig te houden met, ik noem maar wat, Engels empirisme en begin daarentegen de commentaren van Aristoteles te volgen, vergis me in verdieping, kom op een afdeling waar ik anders nooit was gekomen, van medicijnen, maar vind dan onverwacht werken over Galenus, met filosofische verwijzingen dus. Op die manier wordt de bibliotheek een avontuur.

Wat zijn dan de nadelen van zo'n bibliotheek? Dat zijn uiteraard diefstal en vernielingen: hoeveel elektronische controles er ook zijn, het is in zo'n bibliotheek veel gemakkelijker, denk ik, om boeken te stelen. Hoewel ik onlangs nog hoorde van een wethouder van een stad met een beroemde bibliotheek, dat ze iemand hadden ontdekt die al 25 jaar de mooiste incunabelen mee naar huis nam; hij had namelijk boeken met stempels van niet meer bestaande bibliotheken, ging daarmee naar binnen, haalde ze leeg, nam het boek dat hij wilde stelen uit zijn band, deed de bladzijden in de oude band en ging dan weer weg en het schijnt dat hij in 25 jaar een schitterende bibliotheek had opgebouwd. Diefstal is natuurlijk overal mogelijk, maar ik denk dat het principe van een zogenaamde open bibliotheek, waar je vrij kunt rondlopen, moet zijn dat de diefstal ongedaan wordt gemaakt door de aankoop van een ander exemplaar van het verdwenen boek, al was dat antiquarisch. Het is een miljonairsprincipe, maar het is een principe. Als ervoor gekozen wordt het boek te laten lezen, moet er een ander worden gekocht wanneer het wordt gestolen of vernield. Natuurlijk staan de werken van Manuzio in een afzonderlijke bibliotheek voor manuscripten en worden deze beter verdedigd.

Het tweede nadeel van dit type bibliotheek is dat het tot xerocultuur noodt, aanzet. De xerocultuur, de cultuur van de fotokopie, heeft, naast alle gemakken van de fotokopie, een reeks ernstige nadelen voor de uitgeverswereld, ook in juridisch opzicht. De xerocultuur brengt in de eerste plaats de uitholling van het begrip auteursrecht met zich mee. Het is waar dat iemand die in deze bibliotheken, waar tientallen fotokopieerapparaten staan, naar de kopieerkamer gaat waar het voor minder geld kan, en vraagt om een heel boek te fotokopiëren, van de bibliothecaris te horen krijgt dat dat in strijd is met het auteursrecht. Maar als hij genoeg muntjes heeft en zelf het boek fotokopieert, zegt niemand wat. Bovendien kun je het boek lenen en naar een copyshop brengen die het op geperforeerd papier kopieert zodat het alleen nog maar in een ringband hoeft.

Ook in die copyshop zullen ze je soms vertellen dat ze geen heel boek fotokopiëren: ik heb dat probleem gehad met studenten van mij. 'We moeten dertig kopieën laten maken van dat boek,' zegt een van hen, 'maar dat weigeren ze' (gewoonlijk doen ze het een andere keer wel, het hangt af van de luchthartigheid van de copyshop): 'Ze weigeren te kopiëren omdat er rechten op het boek zitten.'

'Goed,' zeg ik, 'laat maar één fotokopie maken, breng het boek terug naar de bibliotheek, en vraag dan of ze 29 kopieën maken van de fotokopie: op een fotokopie zitten geen rechten.'

'Daar hadden we niet aan gedacht.' Inderdaad, 29 kopieën van een fotokopie willen ze overal wel maken.

Dit heeft het beleid van de uitgevers beïnvloed. Alle wetenschappelijke uitgevers weten dat de boeken die ze drukken gekopieerd worden. Dus komen de boeken in oplagen uit van niet meer dan duizend of tweeduizend exemplaren, kosten honderdvijftig dollar, worden door de bibliotheken gekocht, waarna anderen ze fotokopiëren. De grote uitgevers op het gebied van linguïstiek, filosofie en nucleaire fysica laten tegenwoordig een boek van honderdvijftig bladzijden vijftig, zestig dollar kosten, een boek van driehonderd bladzijden tegen de tweehonderd dollar; het wordt verkocht aan een aantal grote bibliotheken, waarna de uitgever er zeker van kan zijn dat alle studenten en wetenschappers alleen met fotokopieën zullen werken. Pech dus voor de wetenschapper die het boek zelf wil hebben, want dat kan hij niet opbrengen. En een enorme stijging van de prijzen en afname van de oplagen. Welke garantie heeft de uitgever dat zijn boek in de toekomst wordt gekocht en niet gefotokopieerd? Dan moet het boek wel minder kosten dan de fotokopie.

Omdat je twee bladzijden verkleind op één blad kunt kopiëren en de kopieën gemakkelijk kunnen worden ingebonden, moet de uitgever, als hij niet alleen aan bibliotheken maar ook aan het publiek wenst te verkopen, erg goedkope boeken drukken, dat wil zeggen op inferieur papier dat, volgens studies die de laatste jaren zijn gedaan, gedoemd is na een paar decennia bros te worden en uiteen te vallen (dat is al begonnen: de Gallimards uit de jaren vijftig verbrokkelen wanneer je ze nu doorbladert, ze lijken wel van oud brood). En dat leidt tot een ander probleem: tot een rigoureuze selectie van bovenaf tussen degenen die zullen overleven en degenen die in vergetelheid zullen raken. Met andere woorden: auteurs die publiceren bij de grote internationale uitgevers, in uitgaven die alleen op het circuit van de grote bibliotheken mikken, tweehonderd of driehonderd dollar kosten, gedrukt worden op papier dat de mogelijkheid heeft binnen een bibliotheek te overleven en in fotokopieën vermenigvuldigd te worden, en auteurs die alleen publiceren bij uitgevers die aan het grote publiek verkopen en goedkope edities uitbrengen, waardoor zij gedoemd zijn te verdwijnen uit de herinnering van het nageslacht. We weten niet echt of dat gunstig of ongunstig is, te meer daar de publicaties van driehonderd dollar die grote uitgevers ten behoeve van het bibliotheekcircuit drukken, vaak tot stand zijn gekomen op kosten van de auteur, de wetenschapper of de stichting die hem steunt, wat niet altijd een garantie is voor het niveau van de schrijver. We gaan dus, met de xerocultuur, naar een toekomst waarin uitgevers bijna alleen nog voor bibliotheken zullen publiceren, en dat is een feit waar we rekening mee moeten houden.

Bovendien ontstaat, op het persoonlijke vlak, de fotokopie-neurose. Op zichzelf is de fotokopie een heel nuttig middel, maar het verschaft ook vaak een intellectueel alibi: iemand die de bibliotheek uit komt met een hele stapel fotokopieën weet zeker dat hij ze normaal gesproken nooit allemaal zal lezen, dat hij ze niet eens kan terugvinden omdat ze door elkaar raken, maar hij heeft het gevoel de inhoud van die boeken tot zich te hebben genomen. Vóór de xerocultuur maakte hij lange uittreksels met de hand in van die grote leeszalen en er bleef altijd wel iets van hangen. Door de fotokopieneurose bestaat het risico dat er dagen verloren gaan in de bibliotheek met het kopiëren van boeken die nooit gelezen worden.

Ik wijs nu op de negatieve effecten van die bibliotheek op mensenmaat, waar ik toch het liefst zo vaak mogelijk kom, maar hoedt u wanneer een cultuur van beeldschermen en microfiches die van het raadpleegbare boek helemaal zal hebben vervangen: misschien zullen we dan terugverlangen naar de bibliotheken verdedigd door Cerberussen die een diep wantrouwen koesteren tegen de gebruiker en proberen hem het boek niet te geven, maar waar je ten minste één keer per dag de hand kunt leggen op het gebonden voorwerp. We moeten daarom ook dat apocalyptische scenario in aanmerking nemen om het voor en tegen van een mogelijke bibliotheek op mensenmaat af te kunnen wegen.

Ik denk dat de bibliotheek langzamerhand op mensenmaat zal geraken, maar om op mensenmaat te zijn, moet zij ook op maat zijn van de machine, van het fotokopieerapparaat tot de viewer, en krijgen scholen, gemeentebesturen, enzovoort steeds meer de taak jongeren en volwassenen het gebruik van de bibliotheek bij te brengen. De bibliotheek gebruiken is zo'n subtiele kunst dat het niet volstaat als de leraar of onderwijzer op school zegt: 'Voor dit onderzoek moeten jullie naar de bibliotheek om het boek te zoeken.' We moeten kinderen leren hoe je met een bibliotheek omgaat, hoe je met een viewer voor microfiches omgaat, hoe je met een catalogus omgaat, hoe je de strijd aanbindt met de beheerders van de bibliotheek als ze hun plicht niet doen, hoe je samenwerkt met de beheerders van de bibliotheek. In het uiterste geval zou ik zeggen dat er, als de bibliotheek in principe niet toegankelijk zou zijn voor iedereen, opleidingen moesten worden opgezet, net als voor het rijexamen, opleidingen om respect voor het boek en om de manier waarop je een boek raadpleegt bij te brengen. Een zeer subtiele kunst, waar juist de school en het volwassenenonderwijs zich op moeten toeleggen omdat, zoals we weten, de bibliotheek de zaak van de school, van de gemeente en van de staat is. Het is een kwestie van beschaving en we hebben er geen idee van hoe onbekend het instrument bibliotheek bij de meesten nog is. Wie in de massa-universiteit leeft, waar vaak hoogbegaafde jonge wetenschappers rondlopen naast jongeren die voor het eerst ruiken aan de wereld van de cultuur, kan voor ongelooflijke dingen komen te staan. Ik noem het voorbeeld van een student die mij vertelde: 'Ik kan dat boek niet raadplegen in de bibliotheek van Bologna, omdat ik in Modena woon.' 'Goed,' zei ik, 'in Modena zijn ook bibliotheken.' 'Nee,' zei hij, 'die zijn er niet.' Hij had er nog nooit van gehoord.

Of een doctoraalstudente komt me vertellen: 'Ik kon de *Logische Untersuchungen* van Husserl niet vinden, die staat niet in de bibliotheken.' 'Welke bibliotheken?' vraag ik. 'Hier in Bologna,' zegt ze, 'en ook in mijn woonplaats heb ik gezocht; Husserl is er niet.' 'Het lijkt me sterk dat er in de bibliotheek geen Italiaanse vertalingen van Husserl staan,' zeg ik. En zij: 'Misschien zijn ze er wel, maar zijn ze allemaal uitgeleend.'

Iedereen leest plotseling ijverig Husserl. Daar moet in voorzien worden. Misschien is het nuttig minstens drie exemplaren – van Husserl – te hebben. *Something is rotten in the State of Denmark* als deze persoon Husserl niet vindt en niemand haar ooit heeft uitgelegd dat ze misschien naar iemand binnen de bibliotheek zou kunnen gaan om de reden van dit gemis te vragen. Er is een verstoorde relatie tussen de burger en de bibliotheek.

En dan het laatste probleem; de keus of men de boeken wil beschermen of willaten lezen. Ik beweer niet dat je ervoor moet kiezen ze te laten lezen zonder ze te beschermen, maar je hoeft er ook niet voor te kiezen ze te beschermen zonder ze te laten lezen. En ik beweer ook niet dat je een tussenweg moet zoeken. Een van de twee idealen moet prioriteit hebben, en daarna moet men proberen rekening te houden met de realiteit om het tweede ideaal te verwezenlijken. Als het ideaal is het boek te laten lezen, moet men proberen het zo goed mogelijk te beschermen, maar zich de risico's realiseren. Als het ideaal is het te beschermen, moet men proberen het te laten lezen, maar zich de risico's realiseren. Wat dat betreft verschilt het probleem van de bibliotheek niet erg van dat van de boekhandel. Er bestaan twee soorten boekhandels. De heel serieuze, waar de boekenkasten nog van hout zijn, waar je zodra je binnenstapt wordt aangeschoten door een heer die zegt: 'Kan ik u helpen?', waarna je geïntimideerd weer weggaat: in die boekhandels worden weinig boeken gestolen. Maar er worden er ook minder verkocht. Dan zijn er de boekhandels als supermarkten, met plastic planken, waar vooral jongeren rondlopen, neuzen, kijken wat is uitgekomen, en daar worden heel veel boeken gestolen, al zetten ze er elektronische controle neer. Je kunt een student op de volgende woorden betrappen: 'Dat is een interessant boek, morgen ga ik het stelen.' Verder wisselen ze onder elkaar informatie uit van het soort: 'Let op, als ze je bij Feltrinelli pakken, krijg je gedonder.' 'Nou, dan ga ik bij Marzocco stelen, daar hebben ze net een nieuwe supermarkt geopend.' Maar managers van winkelketens weten dat op een gegeven moment in de boekhandel waar veel wordt gestolen, ook weer meer wordt verkocht. Er wordt veel meer gestolen in een supermarkt dan bij een drogist, maar de supermarkt maakt deel uit van een grote kapitalistische keten, terwijl de drogist een kleine middenstander is met een beperkte omzet.

Als we het economisch rendement vertalen naar het cultureel rendement, van maatschappelijke kosten en baten, gaat hetzelfde ook op voor de bibliotheek: een groter risico wat de bescherming van de boeken betreft, maar alle maatschappelijke voordelen van een bredere verspreiding. Dat wil zeggen, als de bibliotheek, zoals Borges voorstaat, een model van het heelal is, moeten we proberen er een heelal op mensenmaat van te maken, en, ik herhaal, op mensenmaat betekent ook prettig, met ook de gelegenheid voor een cappuccino, met ook de gelegenheid voor twee studenten een middag op de bank door te brengen, niet echt om tot de daad over te gaan, maar om een gedeelte van hun romance in de bibliotheek uit te leven, terwijl ze een paar boeken van wetenschappelijk belang uit de kast halen of terugzetten, dat wil zeggen, een bibliotheek waar je graag komt, en die geleidelijk in een grote vrijetijdsmachine verandert, zoals het Museum of Modern Art waar je naar de film kunt gaan, in de tuin wandelen, de standbeelden bekijken en een complete maaltijd eten.

Ik weet dat de UNESCO het met me eens is: 'De bibliotheek… moet toegankelijk zijn en haar deuren moeten wijd openstaan voor alle leden van de gemeenschap die er vrij gebruik van kunnen maken zonder onderscheid naar ras, huidskleur, nationaliteit, leeftijd, geslacht, godsdienst, taal, sociale status en cultureel niveau.' Een revolutionair idee. En de verwijzing naar het culturele niveau vraagt ook om onderwijs, advies en voorbereiding. En dan nog wat: 'Het gebouw dat de openbare bibliotheek huisvest moet centraal gelegen zijn, ook voor invaliden toegankelijk en op praktische tijden geopend. Het gebouw en de inrichting moeten aantrekkelijk, gerieflijk en uitnodigend zijn; het is essentieel dat de lezers direct bij de kasten kunnen.'

Zal het ons lukken deze utopie tot werkelijkheid te maken?

TOT ONZE SPIJT...

(leesrapporten voor de uitgever)

ANONYMI, *DE BIJBEL*

Ik moet zeggen dat ik, toen ik het manuscript begon te lezen, enthousiast was over de eerste paar honderd pagina's. Het is een en al actie en alles wat de lezer vandaag de dag van ontspanningslectuur verlangt zit erin: seks (heel veel), en overspel, homoseksualiteit, moord, incest, oorlogen, slachtpartijen en ga zo maar door.

Het verhaal van Sodom en Gomorra met die travestieten die het willen doen met de twee engelen doet aan Rabelais denken; de lotgevallen van Noach komen zó uit een avonturenroman, de vlucht uit Egypte is een verhaal dat vroeg of laat ongetwijfeld verfilmd zal worden... Kortom, een goed geconstrueerde, onvervalste dikke pil waarin niet wordt teruggedeinsd voor verrassende wendingen, vol fantasie, met net dat beetje heilsverwachting dat de mensen leuk vinden, zonder dat het al te tragisch wordt.

Maar toen ik verder las kwam ik erachter dat het een bloemlezing is uit het werk van verschillende auteurs en dat het werk veel, té veel poëziefragmenten bevat, waarvan er enkele eerlijk gezegd erbarmelijk saai zijn; echt gejeremieer zonder kop of staart.

Het resultaat is een monstrueuze omnibus, en het gevaar bestaat dat niemand er wat aan vindt omdat het te veel van het goede is. En bovendien zal het een heel gedoe zijn uit te zoeken bij wie de verschillende auteursrechten liggen, als de bezorger tenminste niet uit naam van alle auteurs optreedt. Maar de naam van deze bezorger kan ik nergens terugvinden, zelfs niet in de inhoudsopgave, alsof ze hem liever niet wilden noemen.

Ik stel voor te bekijken of het mogelijk is de eerste vijf boeken afzonderlijk uit te geven. Daar kunnen we ons geen buil aan vallen. Met als titel bijvoorbeeld *De Rode Zee in rep en roer*.

HOMERUS, *ODYSSEE*

Ik vind het persoonlijk een goed boek. Het is een mooi, aangrijpend verhaal, vol avonturen. Er zit net de benodigde portie liefde in, huwelijkse trouw en slippertjes (fraai type, die Calypso, een ware mannenverslindster), en zelfs een 'Lolitistische' passage, met het meisje Nausikaä, waarin de auteur dan wel niet expliciet is, maar toch zo veel zegt dat het opwindend is. Er zijn verrassende wendingen, eenogige reuzen, kannibalen, en zelfs wat drugs – te weinig om in botsing met de wet te komen, want voorzover ik weet is lotus niet verboden door de narcoticabrigade. De slotscènes zijn geschreven in de beste westerntraditie, er wordt heel wat afgeknokt en in de scène met de boog wordt de spanning er op meesterlijke wijze ingehouden.

Wat moet ik ervan zeggen? Je leest het in één adem uit, in tegenstelling tot het eerste boek van dezelfde auteur, dat te statisch was doordat er zo veel nadruk op de eenheid van plaats werd gelegd en saai werd door de overdaad aan gebeurtenissen – want bij de derde slag en het tiende duel weet je het als lezer wel. Bovendien hebben we gezien dat het verhaal van Achilles en Patroklos, met net dat beetje niet eens al te latente homoseksualiteit, ons gedonder heeft opgeleverd bij de kantonrechter van Lodi. In dit tweede boek niets van dat alles, het loopt als een trein, zelfs de toon is rustiger, doordacht, bedachtzaam zelfs. En dan de montage, het gebruik van flash-backs, de ingebedde verhalen... Kortom, klasse, deze Home-rus is werkelijk erg goed.

Te goed zou ik bijna zeggen... Ik vraag me af of het wel al-lemaal uit zijn eigen koker komt. Natuurlijk, al schrijvend wordt men beter (en wie weet wordt het derde boek zelfs wel een geweldige klapper), maar wat ik verdacht vind – of liever, wat me ertoe aanzet een negatief oordeel te vellen – is de chaos die er zal ontstaan op het gebied van de rechten. Ik heb het er met Eric Linder over gehad en ik heb begrepen dat we er niet gemakkelijk uit zullen komen.

Om te beginnen is de auteur niet meer te vinden. De men-sen die hem gekend hebben zeggen dat het sowieso heel wat voeten in de aarde had kleine tekstuele veranderingen met hem te bespreken, omdat hij blind is als een mol, het manu-script niet aanhoudt, en zelfs de indruk wekt het niet goed te kennen. Hij citeerde uit zijn hoofd, was er niet zeker van dat hij een en ander precies zo had opgeschreven, zei dat de kopi-ist dingen had toegevoegd. Had hij het nu zelf geschreven of had hij er alleen maar zijn naam aan geleend?

Tot zover niets aan de hand, redigeren is zo langzamerhand een kunst geworden en veel boeken die geheel en al ter redac-tie worden vervaardigd of door meerdere personen worden geschreven (zie Sjöwall en Wahlöö) leggen de uitgeverij be-paald geen windeieren. Maar bij dit tweede boek doen zich te veel onduidelijkheden voor. Linder beweert dat de rechten niet uitsluitend bij Homerus liggen, want er moet blijkbaar ook met bepaalde Aeolische epische zangers gepraat worden die royalty's over een aantal delen zouden moeten krijgen.

Volgens een literaire agent uit Chios behoren de rechten naar plaatselijke rapsoden te gaan die welhaast slavenarbeid zouden hebben verricht, maar het is niet bekend of ze hun werk geregistreerd hebben bij de plaatselijke schrijversbond. Een agent uit Smyrna daarentegen beweert dat alle rechten Homerus toekomen, ware het niet dat hij dood is en dat de stad dus het recht heeft beslag te leggen op de opbrengsten. Maar het is niet de enige stad die deze aanspraken doet gelden. Doordat onmogelijk valt vast te stellen of en wanneer onze man gestorven is, kan de wet uit '43 op vijftig jaar na de dood van de auteur gepubliceerde werken niet worden toegepast. Nu duikt er opeens een zekere Kallinos op die beweert alle rechten te bezitten, maar verlangt dat we samen met de *Odyssee* ook de *Thebais*, de *Epigonen* en de *Cypria* kopen. En nog los van het feit dat deze niet zo veel voorstellen, zeggen veel mensen dat ze helemaal niet van Homerus zijn. En bovendien, in welke reeks stoppen we ze? Dit soort mensen is op geld uit en probeert er een slaatje uit te slaan. Ik wilde Aristarchos van Samothrace – die gezag heeft en tevens bekwaam is – om een voorwoord vragen, zodat hij orde op zaken zou kunnen stellen, maar dat is helemaal een ramp: hij wil namelijk vaststellen wat er van het boek authentiek is en wat niet, dan maken we dus een kritische uitgave en dan kun je de pocketeditie wel schudden. Geef het dan metéen maar aan Ricciardi: die doet er twintig jaar over en komt vervolgens met een gevalletje van twaalfduizend lire dat hij als presentexemplaar aan bankdirecteuren stuurt.

Kortom, als we ons in dit avontuur storten komen we in een juridisch wespennest terecht waar we niet meer uitkomen, het boek wordt in beslag genomen, maar dan niet omdat er te veel seks in voorkomt, zodat het vervolgens onder de toonbank verkocht wordt, nee, gewoon een inbeslagname en daarmee uit. Als je geluk hebt neemt uitgeverij Mondadori het over tien jaar van je over voor hun pocketreeks, maar intussen heb je het geld wel uitgegeven zonder dat je er meteen iets van terugziet.

Ik vind het erg jammer, want het boek verdient een beter lot. Maar we kunnen niet ook nog eens voor politieagent gaan spelen. Ik zou het dus maar laten zitten.

Ook al is dit werk van Alighieri het typische product van een zondagsschrijver die in het dagelijks leven is aangesloten bij het gilde der apothekers, toch getuigt het zonder enige twijfel van een zeker technisch talent en een opmerkelijke narratieve *Schwung*. Het werk – in vulgair Florentijns – bestaat uit circa honderd zogenaamde cantica's in terzinen en houdt in heel wat passages de aandacht vast. Met name de uitwijdingen over astronomie en een aantal bondige, pregnante theologische uitspraken vind ik bijzonder onderhoudend. Het derde deel van het boek is leesbaarder en toegankelijker, omdat het onderwerpen behandelt die bij de meeste mensen meer in de smaak vallen, en raakt aan de alledaagse belangstelling van een mogelijke lezer, zoals het Heil, de Zalige Aanschouwing en de gebeden tot de Maagd Maria. Het eerste deel is duister en pretentieus, met hier en daar laag-bij-de-grondse erotiek, wreedheden en werkelijk platvloerse passages. Dit is slechts een van het niet geringe aantal bezwaren, want ik vraag me af hoe de lezer door dit eerste cantica heen moet komen dat, qua vindingrijkheid, niet meer zegt dan hetgeen al te lezen viel in een reeks handboeken over het hiernamaals, in morele verhandelingetjes over de zonde of in de *Legenda aurea* van Jacobus de Voragine.

Het grootste bezwaar is echter de door warrige avant-gardistische pretenties ingegeven keuze van het Toscaanse dialect. Dat het hedendaagse Latijn vernieuwd dient te worden, daar is zo langzamerhand iedereen het over eens, en niet alleen groepjes uit de literaire avant-garde; maar er is een grens, zo niet aan de wetten van de taal, dan toch aan hetgeen het publiek vermag te accepteren. We hebben gezien wat er is gebeurd met dat gedoe met die zogeheten 'Siciliaanse dichters', die hun uitgever moest verspreiden door op de fiets de boekwinkels langs te gaan en die vervolgens in de ramsj terecht zijn gekomen.

Bovendien, als je begint met het uitgeven van een gedicht in het Toscaans, zul je er daarna een in het dialect van Ferrara moeten publiceren, en vervolgens een in dat van Friuli, en ga zo maar door – als je tenminste de hele markt wilt beheersen. Zoiets kun je doen als het om een avant-gardistische plaquette gaat, maar met een pil als deze is daar geen beginnen aan. Persoonlijk heb ik niets tegen rijm, maar de klassieke metriek is bij poëzielezers nog steeds het populairst, en ik vraag me af hoe een normale lezer deze opeenvolging van terzinen kan verteren en er plezier aan kan beleven, helemaal als hij geboren is in, bijvoorbeeld, Milaan of Venetië. Dan zou je er nog verstandiger aan doen te denken aan een degelijke populaire reeks waarin de *Mosella* van Decimus Magnus Ausonius en *Las novas de Guillem de Nevers* tegen billijke prijzen worden aangeboden. Laten we de genummerde uitgaven van de *Placito Capuan*: 'sao ko kelle terre...' maar overlaten aan avant-gardistische blaadjes. Het is me wat, die linguïstische mengvormen van de supermodernisten.

TORQUATO TASSO, *JERUZALEM BEVRIJD*

Als ridderepos 'nieuwe stijl' is het niet slecht. Het is met verve geschreven en de gebeurtenissen zijn tamelijk onbekend; en het werd tijd dat er een eind kwam aan die *remakes* van de Karel- of Arthurromans. Maar laten we eerlijk wezen: het gaat over de kruisvaarders en de inname van Jeruzalem, een onderwerp van religieuze aard dus. We hoeven ons niet wijs te maken dat we het boek zullen verkopen aan alternatieve jongeren, en het zou hoogstens zaak zijn te zorgen voor een goede recensie in *La Famiglia Cristiana* of in *Gente*. Dan vraag ik me trouwens wel af hoe sommige wat al te zinnelijke erotische scènes ontvangen zullen worden. Mijn mening is dus 'ja', mits de auteur de tekst herziet en er een epos van maakt dat ook voor nonnen leesbaar is. Ik heb het er al met hem over gehad en hij lijkt me helemaal niet gekant tegen het idee een en ander op passende wijze te herschrijven.

Ik beken dat ik de twee manuscripten niet eens heb opengeslagen, maar ik geloof dat een criticus in één oogopslag moet kunnen zien wat hij lezen moet en wat niet. Deze Diderot ken ik wel, hij is iemand die encyclopedieën maakt (hij heeft bij ons ooit nog eens drukproeven gecorrigeerd) en nu is hij bezig met een oersaai werk dat uit ik weet niet hoeveel delen bestaat en waarschijnlijk nooit in druk zal verschijnen. Hij gaat voortdurend op pad om tekenaars te zoeken die in staat zijn het binnenwerk van een horloge of alle draadjes van een gobelin na te tekenen en hij zal zijn uitgever nog te gronde richten. Hij is een ontzettende slome duikelaar en ik geloof echt niet dat hij de aangewezen persoon is om iets leuks te schrijven op narratief gebied, met name voor een reeks als de onze waar we altijd delicate, ietwat prikkelende dingetjes voor hebben uitgekozen, zoals Restif de la Bretonne. Zoals ze bij ons op het dorp zeggen, 'schoenmaker, houd je bij je leest'.

Het manuscript zat tussen een heleboel andere dingen die ik in de loop van deze week moest bekijken en ik heb het, eerlijk gezegd, niet helemaal gelezen. Ik heb het drie keer zo maar ergens opengeslagen, op drie verschillende plekken, en jullie weten dat dat voor een geoefend oog al genoeg is.

Wel, de eerste keer stuit ik op een hele rits pagina's over natuurfilosofie, met doortimmerde verhandelingen over de wreedheid van de strijd om het bestaan, de reproductie van planten en de evolutie van diersoorten. De tweede keer op minstens vijftien pagina's over het begrip genot, over de zintuigen en de verbeelding en dergelijke zaken. De derde keer op nog eens twintig pagina's over onderworpenheid in de relaties tussen man en vrouw in de verschillende landen van de wereld… Dat lijkt me wel voldoende. We waren niet op zoek naar een filosofisch werk, het publiek wil vandaag de dag seks, seks en nog eens seks. En zo mogelijk op iedere denkbare manier. We moeten voortgaan op de weg die we met *De liefdes van de ridder van Faublas* zijn ingeslagen. Laten we boeken over filosofie in godsnaam aan uitgeverij Laterza overlaten.

MIGUEL CERVANTES, *DON QUICHOT*

Het niet altijd even leesbare boek vertelt het verhaal van een Spaanse edelman en zijn bediende die in het spoor van ridderfantasieën de wereld over reizen. Deze Don Quichot is een beetje gek (het is echt een *round character*, Cervantes kan beslist vertellen), terwijl zijn bediende een simpelaar is met een ruw soort gezond verstand, met wie de lezer zich onverwijld zal identificeren, die tracht de fantastische overtuigingen van zijn baas te ontmythologiseren. Tot zover het verhaal, dat zich ontrolt aan de hand van een aantal rake verrassende wendingen en flink wat sappige en vermakelijke voorvallen. Maar ik zou een opmerking willen maken die mijn persoonlijke oordeel over het werk overstijgt.

In onze fortuinlijke goedkope reeks 'De feiten des levens' hebben we met aanzienlijk succes de *Amadis de Gaula*, de *Historie van de Graal*, de *Roman van Tristan*, *De lai van de nachtegaal*, de *Historie van Troje* en de *Érec en Énide* gepubliceerd. Momenteel hebben we bovendien een optie op dat *Reali di Francia* van die jongeman uit Barberino dat volgens mij het boek van het jaar wordt, en Campiello wordt zeker opgenomen, omdat de publieksjury's daar zo van houden. Als we nu Cervantes nemen, brengen we een boek op de markt waar-

mee we, hoe mooi het ook is, onze hele fondsopbouw onder-
mijnen en dat die andere romans tot louter gekkenpraat de-
gradeert. Ik heb begrip voor de vrijheid van meningsuiting,
het klimaat van protest en dat soort dingen, maar we kunnen
toch bezwaarlijk riskeren dat we op zo'n manier naar de je-
weetwel gaan. Te meer daar dit boek me typisch een unicum
lijkt, de auteur is net uit de gevangenis, hij is helemaal verlopen, ik weet niet meer of ze hem een arm of een been hebben
afgezet, maar hij maakt niet bepaald de indruk nog iets te willen schrijven. Ik zou echt niet willen dat we, door koste wat
kost vernieuwend te willen zijn, een uitgeversstrategie in gevaar brengen die tot nu toe succesvol, zedelijk (laten we er
maar voor uitkomen) en winstgevend is geweest. Afwijzen.

ALESSANDRO MANZONI, *DE VERLOOFDEN*

In deze tijden doet de dikke pil het zeer goed, als we afgaan op
de oplagen. Maar je hebt romans en romans. Als we *Het kasteel van Trezzo* van Bazzoni of de *Margherita Pusterla* van
Cantù hadden genomen, hadden we nu wel geweten wat we
in de pocketreeks moesten stoppen. Het zijn boeken die gelezen worden en die ook over tweehonderd jaar nog gelezen
zullen worden omdat ze een gevoelige snaar bij de lezer raken,
geschreven zijn in begrijpelijke en pakkende taal, hun regio-
nale oorsprong niet verloochenen en over hedendaagse onderwerpen gaan, of over onderwerpen die de mensen van tegenwoordig als zodanig beschouwen, zoals strijd tussen
steden of feodale tweespalt. Zo niet Manzoni, die zijn roman
om te beginnen in de zeventiende eeuw situeert, een eeuw die
notoir slecht verkoopt. In de tweede plaats waagt hij zich aan
een uiterst discutabele linguïstische operatie door een soort
Milanees-Florentijns te bezigen dat vlees noch vis is en dat ik
de jeugd beslist zou afraden als voorbeeld te nemen voor hun
opstellen. Maar dit zijn nog maar de kleine tekortkomingen.

Feit is dat onze auteur een ogenschijnlijk populair verhaal neerzet dat stilistisch en narratief gezien 'volks' is, over twee arme verloofden die er niet in slagen te trouwen door de streken van een of andere plaatselijke landjonker; aan het eind trouwen ze toch en is iedereen tevreden. Wat magertjes voor de zeshonderd pagina's die de lezer zou moeten verstouwen. Bovendien dient Manzoni ons, onder het mom van een moralistisch en zalvend discours over de voorzienigheid, om de haverklap een flinke dosis (jansenistisch, laten we eerlijk zijn) pessimisme toe, en komt ten slotte aandragen met melancholische bespiegelingen over menselijke zwakheid en nationale ondeugden, en dat bij een publiek dat haakt naar heroïsche verhalen, naar Mazziniaanse hartstochten, ja, zelfs naar Cavouriaans enthousiasme, maar beslist niet naar sofismen over het 'slavenvolk'; zoiets zou ik liever overlaten aan de heer Lamartine. Met de intellectuele gewoonte om overal om de haverklap een probleem van te maken verkoop je beslist geen boeken, en het is eerder Noord-Europese verlakkerij dan een Latijnse deugd. Kijk maar eens hoe Romagnosi, in zijn 'Bloemlezing' van een paar jaar geleden, de onbenulligheden van die Hegel, die het vandaag de dag in Duitsland zo goed doet, in twee exemplaire bladzijdjes met de grond gelijk maakte. Ons publiek wil heel wat anders. En het wil zeker geen vertelling die ieder moment onderbroken wordt om de auteur in de gelegenheid te stellen wat filosofie van de koude grond te ventileren, of erger nog, om pretentieuze plastische collages te maken door een half in het Latijn geschreven dialoog en een aantal pseudo-folkloristische tirades die meer aan Jacques de fatalist doen denken dan aan de positieve helden waar het publiek naar snakt te larderen met wat zeventiende-eeuwse kreten. Na dat vlotte en geestige boekje, *Niccolò de' Lapi*, dat ik net gelezen had, had ik met deze *Verloofden* behoorlijk wat moeite. Je hoeft de eerste bladzijde maar op te slaan om te zien hoe lang de auteur erover doet om tot de kern van de zaak te komen, met een landschapsbeschrijving die zo hortend en labyrintisch van syntaxis is dat je er maar niet achter komt waar het over gaat, terwijl het toch zo veel bondiger zou zijn geweest te zeggen, weet ik het, 'op een ochtend in de buurt van Lecco…' Maar niet iedereen bezit nu eenmaal de gave van het vertellen, en nog minder het vermogen goed Italiaans te schrijven.

Overigens is het niet zo dat het boek geen kwaliteiten heeft. Maar bedenk wel dat het heel wat moeite zal kosten om de hele eerste oplage kwijt te raken.

MARCEL PROUST, *OP ZOEK NAAR DE VERLOREN TIJD*

Het is zonder meer een pittig werk, misschien te lang, maar als er een pocketreeks van wordt gemaakt verkoopt het wel. Maar zó kan het in ieder geval niet. Er moet flink aan gesleuteld worden: de hele interpunctie moet bijvoorbeeld worden herzien. De zinnen zijn te log, sommige beslaan wel een hele pagina. Als het goed wordt geredigeerd en de zinnen worden teruggebracht tot zo'n twee à drie regels elk, door ze wat meer in stukken te hakken en vaker een nieuwe alinea te beginnen, zou het werk er beslist op vooruitgaan.

Als de auteur daar niet mee akkoord mocht gaan, kunnen we het beter laten zitten. Zoals het nu is, is het boek – hoe zal ik het zeggen – te astmatisch.

IMMANUEL KANT, *KRITIEK VAN DE PRAKTISCHE REDE*

Ik heb het boek laten lezen aan Vittorio Saltini die me gezegd heeft dat deze Kant niet veel soeps is. In ieder geval heb ik het vluchtig doorgekeken: in ons filosofiereeksje zou een niet al te dik boek over de moraal nog wel passen, want wellicht gaan ze het nog eens op een of andere universiteit gebruiken. Maar het punt is dat de Duitse uitgever heeft gezegd dat we ons, als we het nemen, verplichten om niet alleen het voorgaande boek te publiceren, hetgeen een nogal immens geval is in ten minste twee delen, maar ook dat wat Kant nu aan het schrijven is en dat over kunst of over het oordeel gaat, dat weet ik niet precies. Alledrie de werken heten bovendien bijna hetzelfde, zodat je ze in een cassette moet verkopen (en dan valt de prijs voor de lezer niet meer op te brengen), omdat ze ze anders in de boekwinkel door elkaar halen en zeggen: 'dit heb ik al gelezen'. En dan gebeurt ons weer hetzelfde als met dat *Summa* van die dominicaan dat we begonnen zijn te vertalen en waarvan we toen de rechten hebben moeten afstaan aan uitgeverij Marietti omdat het te duur werd.

En er is nog meer. De Duitse literaire agent zei me dat we ook zouden moeten beloven de minder belangrijke werken van deze Kant te publiceren, een onordelijk zooitje waar zelfs iets over astronomie tussen zit. Eergisteren heb ik geprobeerd hem te bellen in Königsberg, om te horen of we het eens konden worden over de publicatie van één boek, en de werkster antwoordde dat mijnheer er niet was en dat ik nooit tussen vijf en zes uur moest bellen omdat hij dan zijn wandeling maakt, en ook niet tussen drie en vier omdat hij dan zijn middagdutje doet, en ga zo maar door. Ik zou me met dat soort types echt geen moeilijkheden op de hals gaan halen, om dan later met stapels boeken in het magazijn te blijven zitten.

FRANZ KAFKA, *HET PROCES*

Het is geen slecht boekje, het is een detective die hier en daar aan Hitchcock doet denken; bijvoorbeeld de moord aan het einde, die bij een bepaald lezerspubliek zeker aan zal slaan.

Het lijkt echter wel alsof de auteur onder censuur stond toen hij het schreef. Wat zijn die vage toespelingen, waarom ontbreken namen van personen en plaatsen? En waarom wordt er een proces tegen de hoofdpersoon aangespannen?

Als deze punten opgehelderd worden en een en ander concreter wordt gesitueerd, door het geven van feiten, feiten en nog eens feiten, dan komt de actie beter uit de verf en ben je verzekerd van suspense.

Deze jonge schrijvers denken dat ze 'poëzie' schrijven omdat ze 'een man' zeggen in plaats van 'mijnheer zus en zo op die en die plaats op dat en dat uur'… Kortom, als er aan gesleuteld mag worden, prima, anders zou ik het maar laten zitten.

JAMES JOYCE, *FINNEGANS WAKE*

Doe me een lol en zeg tegen de redactie dat ze beter opletten als ze me boeken ter beoordeling sturen. Ik ben de lezer voor Engels en jullie hebben me een boek in God mag weten welke taal toegestuurd. Ik restitueer het boek per ommegaande.

Telmon   Goedenavond. Het is zeven uur 's avonds, 11 oktober 1492, en we starten onze liveverbinding met het vlaggenschip van de expeditie-Columbus, die tot taak heeft ervoor te zorgen dat vóór zeven uur morgenochtend, 12 oktober 1492, de eerste Europese thalattonaut voet aan wal kan zetten op een nieuw land, een nieuwe planeet, als u me de metafoor toestaat, te weten die terra incognita waar zo veel astronomen, geografen, cartografen en reizigers van dromen en waarvan sommigen zeggen dat het Indië is, maar dan vanuit het westen en niet vanuit het oosten benaderd, en waarvan anderen suggereren dat het een volslagen nieuw, uitgestrekt en niet-ontsloten continent is. Vanaf nu zullen radio en televisie 25 uur aan één stuk in de lucht zijn. We zullen zowel verbinding krijgen met de telecamera op het vlaggenschip, de Santa Maria, als met het station op de Canarische Eilanden, en voorts met studio Sforza in Milaan, de universiteit van Salamanca en de universiteit van Wittenberg.

Naast mij zit professor Leonardo da Vinci, een uitnemend wetenschapsman en futuroloog, die ons gaandeweg de nodige uitleg zal geven om de technische details van deze buitengewone onderneming te kunnen begrijpen. Over naar jou, Stagno.

Stagno   Zoals jullie weten kunnen we pas op het moment van de ontscheping beeldverbinding krijgen. De telecamera is gemonteerd op het boegbeeld van de karveel, maar de antenne, die op de mars van de grote mast zit, kan pas in actie komen als de marsgast niet langer op de uitkijk hoeft te staan en de zeilen gestreken zijn. Hoe ver is de epische reis van de drie karvelen inmiddels gevorderd? Met spanning volgen we de grootste onderneming uit de geschiedenis der mensheid, het begin van een nieuwe era die iemand al heeft voorgesteld de Moderne Tijd te noemen. De mens laat de Middeleeuwen achter zich en zet een nieuwe stap op het pad van zijn geestesontwikkeling. Dezelfde emotie die wij voelen bevangt natuurlijk ook de technici van Cape Canary… Maar hierover willen we graag Ruggiero Orlando aan het woord laten, die de Kamer speciaal verlaten heeft om deze historische televisiereportage te maken. Over naar jou, Orlando, hoor je me?

Orlando   Ja? Ik hoor je. Hoor je me?

Stagno   Ruggiero?

Orlando   Ja? Hoor je me?

Stagno   Hoor je me, Ruggiero?

Orlando   Zoals ik al zei, ik hoor je, ja. Spannende momenten hier op Cape Canary. De positie van de drie galjassen van Christoforus Columbus…

Stagno   Sorry, Orlando, ik dacht niet dat het galjassen waren…

Orlando   …Momentje… hier zeggen ze… het is een hels kabaal in de controlekamer, er staan hier driehonderd karmelieten op blote voeten tegelijkertijd driehonderd plechtige missen te lezen om de reis voorspoedig te laten verlopen… ah, ah, het zijn inderdaad geen galjassen, maar schebekken. Schebekken! De schebek is een karakteristiek vaartuig…

Stagno   Sorry, Ruggiero, hier over de koptelefoon hoor ik het woord 'karvelen' noemen…

Orlando   Wat? Het is niet te horen… het is hier een enorme toestand… Ah, ja, zoals ik al zei, het gaat inderdaad om drie karvelen, de Niña, de Pent… nee… de Pinta en de Santa Radegonda…

Stagno Sorry, Ruggiero, volgens het perscommuniqué hier is het de Santa Maria…

Orlando Inderdaad, ook hier zegt er iemand Santa Maria, er zijn wat dat aangaat twee lezingen… De karveel is in ieder geval een karakteristiek vaartuig waarvan ik hier een model heb laten nabouwen… Het pak dat ik draag is het scheepsjongenstenue van de Spaanse marine… de karvelen…

Telmon Ruggiero, sorry dat ik je onderbreek, maar we hebben hier professor Vinci, die ons wellicht iets over de karvelen kan vertellen vanuit het oogpunt van de propulsie…

Leonardo icvf ha davcid co cocodpf H cpa…

Telmon Een momentje, controlekamer van Via Teulada… Professor Vinci heeft de vreemde gewoonte om van rechts naar links te praten, en dus moet de ampexband teruggespoeld worden; jullie weten toch nog wel dat we speciaal om die reden een pauze van negen seconden hadden ingelast tussen de daadwerkelijke opname en de uitzending. Klaar? Ampex, horen jullie mij? Goed, daar gaan we!

Leonardo Zo is er ene grote vogel dewelke de naam draagt…

Telmon Excuseert u me, professor Vinci… Er zitten twintig miljoen mensen te kijken… Wellicht kunt u zich iets eenvoudiger uitdrukken…

Leonardo Oké, neem me niet kwalijk. Welnu, de karveel maakt gebruik van het propulsiesysteem dat *wind and veil* wordt genoemd en blijft drijven volgens de wet van Archimedes, die luidt dat een in een vloeistof ondergedompeld lichaam omhooggeduwd wordt met een kracht die overeenkomt met het gewicht van het volume van het verplaatste water. Het tuig, fundamenteel onderdeel van de propulsie, bestaat uit drie razeilen die bevestigd zijn aan de hoofdmast, de bezaansmast en de fokkenmast. Een bijzondere functie heeft de boegspriet, waar de fok en de stagfok aan vastzitten, terwijl de bramsteng en het gaffelzeil dienen ter oriëntering.

Telmon Maar komt het thalattoschip in dezelfde vorm

aan als het vertrokken is of maakt zich tijdens het traject een aantal trappen los?

Leonardo   Dat zal ik u zeggen: het thalattoschip is onder-hevig aan een aftakelingsproces dat gewoonlijk *kill and drawn* genoemd wordt. Dat wil zeggen dat een zeeman, als hij zich niet correct gedraagt tegenover de admiraal, een klap op zijn kop krijgt en in zee wordt gegooid. Dat is het moment van de *mutiny show-down*. In het geval van de Santa Maria zijn er drie *kill and drawn*-fasen geweest, die admiraal Columbus nochtans juist in staat hebben gesteld met vaste hand, of zo u wilt uit de losse pols, het gezag over het thalattoschip te her-nemen. In dit soort gevallen moet de admiraal zeer goed op-letten en op het geëigende moment ingrijpen…

Telmon   Anders verliest hij het gezag over het schip, ik be-grijp het. En zegt u me eens, wat is de technische functie van de scheepsjongen?

Leonardo   Die is uiterst belangrijk. Het wordt een *feed-back*-functie genoemd. Voor het publiek zouden we dat kun-nen vertalen als 'uitlaatklep'. Het is een technisch probleem waar ik me lange tijd mee bezig heb gehouden en als u wilt laat ik u enkele van mijn anatomische tekeningen zien…

Telmon   Dank u, professor Vinci. Maar ik geloof dat het moment is aangebroken om over te gaan naar de studio in Sa-lamanca. Over naar jou, Bongiorno!

Bongiorno   Wat een feest! We zitten hier in de studio van Salamanca 1 om een aantal knappe koppen te interviewen dat het, naar verluidt, vandaag de dag helemaal gemaakt heeft. We stellen nu een vraag aan de rector magnificus van de uni-versiteit van Salamanca – gaat u alstublieft even op de met krijt aangegeven plek staan. Vertelt u ons eens, waarde rector van Salamanca, wat zou dat voor iets moeten zijn, dat Ameri-ka waarover zo veel wordt gesproken?

Rector   Lucht, dat is het: lucht!

Bongiorno   Excuseert u mij, waarde rector van Salamanca, maar de experts hebben hier opgeschreven… 'con… conti-nent'…

Rector   Nee, nee, kijkt u eens, het spijt me voor uw experts. Ik had gezegd dat ze als basistekst de *Almagest* van Ptolemaeus moesten nemen. Kijkt u daar maar in, dan zult u zien dat de mogelijkheden om iets te vinden miniem zijn. Admiraal Columbus veronderstelt te kunnen 'buscar el levante por el ponente', maar het plan is gespeend van enige grond. Het is de meeste mensen namelijk genoegzaam bekend dat de aarde ophoudt na de zuilen van Hercules en dat het voortbestaan van de drie karvelen voorbij deze grens het gevolg is van regelrecht televisueel zinsbedrog dat moet worden toegeschreven aan demonische inmenging. Het geval-Columbus is duidelijk het resultaat van de slappe houding van de bevoegde autoriteiten inzake het studentenprotest, waarover ik overigens net een boek aan het schrijven ben voor uitgeverij Rusconi. Bovendien, ook al was de reis mogelijk, dan nog zou het de thalattoschepen op den duur aan voldoende autonomie ontbreken, door het gebrek aan engelenbrandstof. Ziet u, op verscheidene concilies is gebleken dat het erom gaat erachter te komen hoeveel engelen er op de punt van een naald kunnen dansen, maar in de conciliaire akten valt er geen spoor te bekennen van het denkbeeld dat engelen op de punt van een fokkenmast zouden kunnen dansen. Dit zouden eerder sintelmsvuren zijn, en dus duivelse manifestaties die ongeschikt zijn om een karveel voort te stuwen naar een beloofd land of een terra incognita of hoe je het ook wilt noemen.

Bongiorno   Dit zijn zeker erg ingewikkelde zaken en ik zou echt niet weten wat ik u moest zeggen. Laten we maar afwachten wat onze experts erover te zeggen hebben, en veel succes met *Het rad van Fortuin*! Dan praten we nu met een zeer belangrijke expert die het vandaag de dag helemaal gemaakt heeft, de decaan van de Koninklijke Cartografische Vereniging van Portugal. Zegt u ons eens, waarde decaan van de Koninklijke Cartografische Vereniging van Portugal, gelooft u dat Columbus werkelijk op weg is naar Indië?

Decaan   Het is geen eenvoudig vraagstuk en de fout van

Columbus is dat hij daar langs empirische weg een antwoord op wil vinden, in plaats van te beginnen met een definitie van het probleem op zich. Ziet u, *non sunt multiplicanda entia sine necessitate*, waardoor wij geneigd zouden zijn het bestaan van één enkel Indië te postuleren. In dat geval zou Columbus, komende vanuit het oosten, op de uiterste punt van het Aziatische land aan wal moeten gaan, en wel bij de monding van de rivier de Oessoeri. Als dat het geval zou zijn, zou de expeditie van geen enkel belang zijn, gezien de absolute politieke en geografische irrelevantie van deze strook land. Of hij zou aan de westkant van het eiland Zipangu kunnen belanden, en in dat geval zou de mediterrane economie een hevige terugslag kunnen ondervinden. Aangezien het de specialiteit van dat doortrapte volk is om door anderen bedachte mechanische voorwerpen in getransistoriseerde vorm na te maken, zou de markt van de zeerepublieken overstroomd worden met duizenden perfect nagemaakte karvelen tegen lagere prijzen. Dit zou de economische ondergang van de republiek Venetië betekenen, tenzij de dogen voorzien in de bouw van nieuwe scheepswerven in Porto Marghera, hetgeen echter weer desastreuze consequenties heeft voor het evenwicht in de lagune…

Bongiorno Ik begrijp het. Maar we hebben hier ook de decaan van de Faculteit der Rechtsgeleerdheid van Granada, die ons iets zal vertellen over de juridische consequenties van deze ontdekking. Veel mensen vragen zich af aan wie de nieuwe gebieden gaan toebehoren. Aan wie zal het door Columbus bevaren gedeelte van de oceaan toebehoren?

Decaan Het probleem van het internationale recht laat zich zeer ernstig aanzien. Allereerst hebben we het probleem van de verdeling tussen Spanje en Portugal en ik geloof niet dat ik op de zaak vooruitloop als ik zeg dat we een conferentie zouden moeten beleggen in, weet ik het, Tordesillas, om de ideale demarcatielijn tussen de invloedssferen vast te stellen…

Elio Sparano   Sorry, Bongiorno… Hier de Sforza-studio in Milaan. Er zit hier een groep eminente Milanese juristen die het er niet mee eens is. Zij beweren dat het een absurd probleem is. Als we zo doorgaan zou je, gezien het feit dat we tevens rekening moeten houden met een andere zeemacht, Engeland, nog gaan denken dat het nieuwe land op een dag opgedeeld zou worden in Angelsaksische, Spaanse en Portugese invloedssferen… Dat is pure sciencefiction! Professor Trimarchi wilde hier iets over zeggen. Professor! Waar bent u? Een moment. Hallo? Ah, ik hoor net dat de professor door een banaal incident niet van de universiteit weg kan. Goed, ik schakel over naar de studio in Wittenberg. Over naar jou, Pippo Baudo.

Baudo   Hier studio Wittenberg. We zouden een vraag willen stellen aan een jonge maar gestaalde augustijner theoloog uit Wittenberg, iemand op wie onze Heilige Moederkerk haar hoop heeft gevestigd. Zegt u ons eens, doctor Luther, gelooft u dat deze ontscheping een ware en duurzame revolutie betekent voor de geschiedenis van de mensheid?

Luther   Weet u, er zijn niet alleen technologische revoluties. Er zijn innerlijke hervormingen die heel wat meer gevolgen kunnen hebben en dramatischer kunnen zijn, en verheffender…

Baudo   Zeer briljant… Maar u wilt toch niet beweren dat zich in de toekomst innerlijke hervormingen kunnen voltrekken die meer stof zullen doen opwaaien dan dit grote wetenschappelijke feit…

Luther   Dat help ik u hopen, dat help ik u hopen…

Baudo   Ah, ah! Erg raadselachtig. Maar weet u, ik ben wel bereid het te geloven, bij wijze van grapje dan. Mijn motto is 'geloof stellig en zondig stevig'! Haha!

Luther   Mooie zin. Die moet ik opschrijven.

Stagno   Een moment, nemen jullie me niet kwalijk. Er komen stemmen binnen over de koptelefoon… Het schijnt dat er land in zicht is… Ja, je hoort het duidelijk: ze schreeuwen

'Terra terra!' Hoor jij het ook, Orlando?

Orlando   Je hoort hier werkelijk niets. Wacht even, dan informeer ik bij het station op de Azoren…

Stagno   Ja hoor, er is echt land in zicht… Het schip meert aan… Ze zijn aan wal gegaan!!! Vandaag, 12 oktober 1492, heeft de mens voor de eerste keer voet aan wal gezet in de Nieuwe Wereld. Orlando, wat zeggen ze daar?

Orlando   Welnu… Het schijnt dat de ontscheping een maand is uitgesteld en dat het land dat ze zagen de Liparische Eilanden waren…

Stagno   Kom nou, Orlando. Ik heb het duidelijk gehoord!

Telmon   Hallo?? Ja? Aha. Zowel Stagno als Orlando heeft gelijk. Het schip heeft inderdaad het anker uitgegooid, zoals Stagno zei, maar het betreft nog niet het vasteland maar San Salvador, een eilandje in de archipel van de zogeheten Caraïben die, naar een of andere geograaf heeft besloten, ook wel de Mare Tranquillitatis wordt genoemd. Maar kijk, de op het boegbeeld van het vlaggenschip gemonteerde telecamera gaat lopen. Daar zet Christoforus Columbus voet op het strand om er het vaandel van Hare Katholieke Majesteit te planten! Het is een grandioos schouwspel. Tussen de palmbomen door komt een menigte gepluimde wezens op de thalattonauten toe. We staan op het punt de eerste woorden te horen die door de mens in de Nieuwe Wereld worden gesproken. Ze gaan gezegd worden door de zeeman die voor de groep uit loopt, bootsman Baciccin Parodi…

Parodi   Jezus, admiraal, ze zijn bloot!

Stagno   Wat zei hij, Orlando?

Orlando   Het is niet goed te horen, maar dit waren niet de afgesproken woorden. Iemand hier komt met de suggestie dat er sprake moet zijn van een fenomeen dat interceptie heet. Het schijnt dat dat vaak voorkomt in de Nieuwe Wereld. Maar kijk!… Admiraal Columbus gaat iets zeggen!

Columbus   Het is een kleine stap voor een zeeman, maar een grote stap voor Hare Katholieke Majesteit… Jezus, wat hebben ze om hun nek hangen? Sakkerloot! Het is goud! Goud!

Orlando Het schouwspel dat de telecamera ons zendt is werkelijk grandioos! De zeelieden stormen met grote sprongen op de inlanders af, met enorme sprongen, de eerste sprongen van de mens in de Nieuwe Wereld... Ze halen de stukken mineraal van de Nieuwe Wereld van de nek van de inlanders af en stoppen deze in grote plastic zakken... Nu maken ook de inlanders grote sprongen in een poging te vluchten, het gebrek aan zwaartekracht zou ze doen wegvliegen als de zeelieden hen niet met zware kettingen aan de grond vast zouden maken... Nu worden de inlanders allemaal op beschaafde en ordentelijke wijze in colonnes opgesteld, terwijl de zeelieden naar de schepen terugkeren met de zware zakken vol met het plaatselijke mineraal. Het zijn heel erg zware zakken en het heeft veel moeite gekost ze op te tillen en weg te dragen...

Stagno Dat is de last van de blanke man! Een schouwspel dat we nooit zullen vergeten. Vice-president De Feo heeft al een gelukstelegram gestuurd! Vandaag gaat de beschaving een nieuwe fase in!

HET WERELDKAMPIOENSCHAP
EN ZIJN SHOW*

Veel achterdochtige en kwaaddenkende lezers zullen, als ze
zien hoe ik hier de edele voetbalsport benader, afstandelijk,
met verveling en (laten we gerust zeggen) met animositeit, de
vulgaire verdenking naar voren brengen dat ik niet van de
voetbalsport houd omdat de voetbalsport nooit van mij heeft
gehouden, daar ik van kleins af aan tot die categorie kinderen
of jongelui heb behoord die, zodra ze de bal aanraken – aan-
genomen dat ze er al ooit bij in de buurt komen – hem onmiddellijk in eigen doel schieten of hem in het gunstigste geval de tegenstander toespelen, als ze hem al niet met een
onwrikbare hardnekkigheid buiten het veld terecht laten komen, achter de heggen en omheiningen, verloren in kelders
en beekjes of weggezakt tussen de verschillende ijssoorten in
het karretje van de ijscoman – zodat de speelmakkertjes hen
niet meer willen laten meedoen en hen vervolgens van de ple-
zierige sportieve ontmoetingen buitensluiten. Nooit was een
verdenking meer waar.

Ik zal het u nog sterker vertellen. In mijn pogen mij te voelen zoals de anderen (zoals een kleine getergde homoseksueel
die almaar halsstarrig tegen zichzelf zegt dat hij de meisjes

---

* Dit artikel was geschreven ter gelegenheid van het Wereldkampioenschap
van 1978. Met een paar variaties en een paar landen erbij zou het ook gebruikt kunnen worden voor het kampioenschap van 1982. Het aardige van
het voetbalspel is dat het nooit verandert.

aardig 'moet' vinden) verzocht ik verschillende malen mijn vader, die een evenwichtig mens maar toch een trouwe voetbalsupporter was, mij met hem mee te nemen naar een wedstrijd. En op een dag, terwijl ik de onnozele schermutselingen daar beneden op het veld afstandelijk gadesloeg, voelde ik hoe de zon hoog aan de hemel mensen en dingen met een ijzig licht overgoot en hoe zich voor mijn ogen een zinloze kosmische vertoning afspeelde. Het was datgene wat ik later, Ottiero Ottieri lezende, zou ontdekken als het gevoel van de 'alledaagse onwerkelijkheid', maar toen was ik nog maar dertien jaar en ik vertaalde de dingen op mijn eigen manier: voor de eerste keer twijfelde ik aan het bestaan van God en vond ik dat de wereld een fictie was zonder doel.

Geschokt ging ik, onmiddellijk nadat ik het stadion had verlaten, biechten bij een wijze pater kapucijn, die mij zei dat ik er rare ideeën op nahield, omdat zeer achtenswaardige mensen zoals Dante, Newton, Manzoni, Gioberti en Fantappié, zonder enig probleem in God hadden geloofd. Onthutst door deze eenstemmigheid van de mensheid, stelde ik mijn godsdienstcrisis ongeveer een decennium uit – maar kijk, voor mij vertoont het voetballen om zo te zeggen van het begin af aan een samenhang met de afwezigheid van een doel en met de vergankelijkheid van het alles, met het feit dat het Zijn niets anders kan zijn (of niet zijn) dan een gat. En misschien daarom heb ik (en ik denk als enige onder de levenden) het voetballen altijd geassocieerd met de negatieve filosofieën.

Na dit alles aangehoord te hebben zou men zich kunnen afvragen waarom nu juist ik het heb over de wereldkampioenschappen. Dat is vlug gezegd: de directie van de Espresso heeft er in een duizelingwekkende metafysische opwelling op aangedrongen, dat er vanuit het perspectief van een absolute buitenstaander over deze gebeurtenis verhaald zou worden. En zodoende heeft zij zich tot mij gewend. Nooit getuigde keus van meer inzicht.

Nu moet ik echter wel zeggen dat ik niets tegen de passie

voor het voetballen heb. Integendeel, ik kan het ermee eens zijn en ik beschouw haar als door de Voorzienigheid gezonden. Die massa's hartstochtelijke liefhebbers die geveld door een hartinfarct op de tribunes liggen, die scheidsrechters die zich aan niet mis te verstane verwensingen blootstellen omwille van één zondag roem, die supporters die bloedend uit de bus stappen, gewond door de scherven van de met stenen ingegooide ruiten, die feestende jongelui die 's avonds dronken door de straten rondrijden, waarbij ze hun vlag uit het raampje van hun overbelaste Fiat 500 laten wapperen en zich tegen een Tir te pletter rijden, die door kwellende seksuele onthoudingen psychisch ingestorte atleten, die economisch aan de grond geraakte gezinnen, omdat ze almaar bezwijken voor op de zwarte markt gekochte, krankzinnig dure entreekaartjes, die enthousiastelingen die door het ontploffen van een feestelijke voetzoeker blind worden, zij allen vervullen mijn hart met vreugde. Ik ben de liefde voor het voetballen even goedgezind als die voor de autoraces, het motorcrossen langs de rand van afgronden, het krankzinnige parachutespringen, het mystieke alpinisme, het oversteken van oceanen in rubberbootjes, de Russische roulette en het druggebruik. De wedrennen maken de rassen beter, en gelukkig leiden al die wedstrijden tot de dood van de besten, aldus aan de mensheid weer de mogelijkheid biedend met normale, middelmatiger ontwikkelde koplopers rustig door te gaan met haar spel. In zekere zin zou ik het eens kunnen zijn met de futuristen, die de oorlog beschouwden als de enige hygiëne van de wereld, op een kleine correctie na: dat slechts vrijwilligers aan die oorlog zouden mogen deelnemen. Jammer genoeg zijn ook de dienstweigeraars erbij betrokken en daarom staat oorlog moreel veel lager aangeschreven dan sportevenementen.

Het moge duidelijk zijn dat ik het heb over sport als schouwspel en niet over sport als zodanig. De sport bedoeld als mogelijkheid voor de mens, om zonder winstbejag, en

door inspanning van eigen lichaam, fysieke oefeningen te ver-
richten waarbij hij zijn spieren laat werken, zijn bloed laat
stromen en zijn longen op volle kracht laat functioneren, die
sport zei ik, is een heerlijke zaak, minstens zo heerlijk als het
bedrijven van seks, het houden van filosofische beschouwin-
gen en het gokken met bonen als inzet.

Maar het voetbalspel heeft niets te maken met de sport als
zodanig. Niet voor de spelers, die professionals zijn en onder
spanningen leven die niet verschillen van die van de arbeiders
aan de lopende band (de salarisverschillen maar even buiten
beschouwing gelaten), niet voor de toeschouwers – en dus
voor de meerderheid – die zich in feite gedragen als een hor-
de seksmaniakken die regelmatig gaat kijken (niet één keer in
hun leven, in Amsterdam, maar alle zondagen, en in plaats
van) naar koppels die de liefde bedrijven of doen alsof (of zoals de armste kindertjes uit mijn jeugd, aan wie beloofd werd
dat ze naar de rijken mochten gaan kijken die ijs aten).

Na al deze premissen is het duidelijk waarom ik me deze
weken zo ontspannen voel. Doorgedraaid, zoals elk van ons,
door de recente tragische gebeurtenissen, met een trimester
achter de rug waarin men veel dagbladen moest lezen en men
aan de televisie gekluisterd moest blijven om op de laatste berichten van de Rode Brigade te wachten of op de aankondi-
ging van een nieuwe terreurgolf, hoef ik nu geen kranten
meer te lezen en geen televisie meer te kijken. Hoogstens sla ik
op de achtste pagina het nieuws op over het proces te Turijn,
de Lockheed-affaire en het referendum: voor het overige
wordt er alleen gesproken over dat onderwerp waarover ik
niets wil horen. En de terroristen, die heel goed weten hoe de
massamedia functioneren, die weten het precies, en ze onder-
nemen dan ook niets interessants, omdat ze anders terecht
zouden komen tussen de korte berichten en de culinaire ru-
briek.

Het heeft geen zin zich af te vragen waarom de kampioenschappen de aandacht van het publiek en de toewijding van

de massamedia op zo'n morbide wijze hebben gepolariseerd: vanaf het bekende voorval van de komedie van Terentius, waarbij het publiek verstek liet gaan omdat er ook een voorstelling was met beren, en de spitsvondige overwegingen van de Romeinse keizers over het nut van de *circenses*, tot aan het omzichtig gebruik dat dictators (die van Argentinië inbegrepen) steeds van grote wedstrijdevenementen hebben gemaakt, is het overduidelijk dat de meerderheid meer geïnteresseerd is in voetballen of wielrennen dan in abortus, en de voorkeur geeft aan Bartali boven Togliatti*, dat het zelfs geen enkele zin heeft daar nog verder op in te gaan. Maar gezien het feit dat ik juist ben aangezocht, van buitenaf, om op een en ander nader in te gaan, kan ik dus gerust stellen dat de openbare mening, vooral in Italië, nooit zoals op dit moment een grandioos internationaal kampioenschap nodig had.

Immers, zoals ik reeds bij andere gelegenheden heb kunnen opmerken, is het discussiëren over sport (en ik bedoel dan de sport als schouwspel en het praten over dat schouwspel, het praten over de journalisten die over dat sportschouwspel praten) de makkelijkste vervanging van het discussiëren over politiek. In plaats van de werkwijze van de minister van Financiën te beoordelen (waarvoor men verstand moet hebben van economie en andere zaken) discussieert men over de werkwijze van de trainer; in plaats van de verrichtingen van de parlementariër te bekritiseren, bekritiseert men de verrichtingen van de atleet; in plaats van zich af te vragen – een moeilijke en duistere vraag – of minister zus en zo de zeer duistere verdragen met deze of gene mogendheid heeft ondertekend, vraagt men zich af of de beslissende finale het gevolg zal zijn van het toeval, van de voortreffelijkheid van de spelers of van diplomatieke alchemie. Om over voetballen te praten heeft

---

* Op 14 juli 1948 werd de communistische leider Togliatti ernstig gewond bij een aanslag. Volgens vele waarnemers werd een algemene arbeidersopstand slechts voorkomen door het feit dat net die dag het wieleridool Bartali een belangrijke etappe in de Tour de France won. (Vert.)

men een niet per se onbeduidende, maar al met al toch wel beperkte kennis van zaken nodig. Het stelt je in de gelegenheid standpunten in te nemen, meningen te uiten en oplossingen aan te dragen, zonder je bloot te stellen aan arrestatie, aan *Radikalerlassen*, en in ieder geval zonder argwaan te wekken. Het eist ook niet dat men moet beslissen hoe persoonlijk in te grijpen, want men spreekt over iets wat zich afspeelt buiten de invloedssfeer van de spreker. Al met al stelt het je in de gelegenheid Overheidje te spelen zonder al de ellende, de plichten en de vragen die aan de politieke discussie kleven. Het is voor de volwassen man hetzelfde als het moedertje spelen van kleine meisjes: een pedagogisch spel, dat je leert je plaats te bepalen.

Denkt u zich eens in hoe traumatisch het is om in een tijd als deze zich te moeten bezighouden met zaken van Algemeen Belang (de echte dan). In een dergelijke situatie worden we allemaal Argentijnen en laten die paar Argentijnse dwarsliggers die nog maar blijven doorzeuren over het feit dat daar nu en dan nog iemand verdwijnt, ons in 's hemelsnaam niet het genoegen vergallen van dat heilige voetbalevenement. Van tevoren hebben we al keurig netjes naar hen geluisterd, wat willen ze nu nog meer? Hoe dan ook, deze kampioenschappen komen als geroepen. Eindelijk eens iets wat niets met de Rode Brigades te maken heeft.

En nu ik het toch over de Rode Brigades heb, het zal de niet geheel onoplettende lezer bekend zijn dat er twee stellingen de ronde doen (natuurlijk neem ik alleen de extreme hypothesen in overweging, de werkelijkheid is vaak wel wat gecompliceerder). Volgens de eerste stelling gaat het om een groep, die op een geheimzinnige manier door de Macht, eventueel zelfs een buitenlandse, in beweging wordt gebracht. Volgens de tweede stelling gaat het om 'kameraden die zich vergissen', die zich op een gruwelijke manier gedragen maar dat met edele motieven doen (een betere wereld). Als de eerste stelling waar is, maken de Rode Brigades en de organisatoren van de voetbalkampioenschappen deel uit van hetzelfde machtsonderdeel: dezen ontregelen op het goede moment, en genen brengen op het juiste ogenblik alles weer in evenwicht. Het publiek wordt verzocht Italië-Argentinië te volgen alsof het Curcio-Andreotti was en om, als het even kan, een gokje te wagen over wie bij de volgende aanslagen getroffen zal worden. Als daarentegen de tweede stelling waar is, zijn de Rode Brigades werkelijk kameraden die zich heel erg vergissen: want ze vermoeien zich vol ijver met het vermoorden van politieke figuren en met het in de lucht laten vliegen van lopende banden, maar helaas, de macht zetelt niet daar, die zetelt in de vaardigheid die de maatschappij heeft om ogenblikkelijk de spanning op andere polen die veel dichter bij de geest van de massa's staan af te wentelen. Is er een gewapende strijd mogelijk op de zondag van het kampioenschap? Misschien zouden we een beetje minder politieke discussies moeten houden en meer sociologie van de circenses moeten bedrijven. Ook al omdat er circenses zijn die men op het eerste gezicht niet als zodanig ervaart: bijvoorbeeld bepaalde botsingen tussen de politie en 'vertegenwoordigers van tegengestelde extremistische bewegingen' die in een bepaalde periode alleen op zaterdagmiddag tussen vijf en zeven plaatshebben.

Heeft Videla dan toch infiltranten in de Italiaanse samenleving?

HET WONDER VAN SAN BAUDOLINO

Dante lijkt, in de *De vulgari eloquentia*, niet mild gestemd jegens Alessandria: wanneer hij de dialecten van het Apennijnse schiereiland opsomt constateert hij dat de ruige klanken die door ons Alessandrijnen worden geuit zeker geen Italiaans dialect zijn, en geeft hij te verstaan dat hij er met moeite een taal in herkent. Goed, we zijn barbaren. Maar ook dat is een roeping.

We zijn geen Italianen (Latijnen), en Kelten zijn we ook niet. We stammen af van de harde, ruige Ligurische volksstammen, en in 1856 wees Carlo Avalle, in het begin van zijn *Geschiedenis van Piemonte*, op hetgeen Vergilius, in het negende boek van de *Aeneïs*, over deze pre-Romaanse volkeren zei:

> Welke god, welke verblinding heeft u naar Italië gedreven? Niet Atriden zijn hier, niet Ulixes, verzinner van misleidende woorden. Wij, van oorsprong een hard geslacht, wij dragen de pasgeborenen naar de rivier en harden hen in het wrede, ijskoude water, onze jongens doorwaken jagend de nacht en doorkruisen de wouden… (vers 602 e.v.)

Enzovoort. En volgens Avalle hadden deze barbaren een 'gemiddeld en fijngebouwd postuur, een zachte huid, kleine ogen, dun haar, een blik vol trots, een scherpe en sonore stem:

zodat ze, op het eerste gezicht, niet een juiste indruk gaven van hun buitengewone kracht…'

Van een moeder wordt gezegd dat ze 'toen ze getroffen werd door barensweeën terwijl ze aan het werk was, zich zonder een enkel teken te geven achter een doornstruik verborg. Toen ze daar bevallen was, bedekte ze het kind met bladeren; en ze ging weer aan het werk zodat niemand haar opmerkte. Maar het kind, dat was begonnen te krijten, ontmaskerde de moeder; die, doof voor de aansporingen van vrienden en kameraden, niet ophield met werken voordat de baas haar ertoe dwong en haar haar loon betaalde. Hieraan is het vaak door geschiedschrijvers geciteerde motto ontleend dat de vrouwen bij de Liguriërs de kracht hadden van mannen; en die, op hun beurt, de kracht van verscheurende dieren.' Hetgeen gezegd is door Diodorus Siculus.

OP DE VELDEN VAN MARENGO…

De held van Alessandria heet Gagliaudo. Het is 1168, Alessandria bestaat en bestaat niet, tenminste niet onder die naam. Het is een federatie van dorpen, waarschijnlijk een kern met een kasteel. In dat gebied wonen boeren, en wellicht veel van die 'handelslieden' die, zoals Carducci zal zeggen, in de ogen van de Duitse leenmannen onaanvaardbare tegenstanders zullen zijn 'die pas gisteren het ridderzwaard om hun lelijke dikke buik hebben gegespt'. De Italiaanse communes sluiten een verbond tegen Barbarossa, vormen de Lombardijse Liga en besluiten daar waar de Tanaro en de Bormida samenstromen een nieuwe stad te bouwen om de opmars van de indringer te stuiten.

De mensen uit al die afzonderlijke dorpen aanvaarden het voorstel, waarschijnlijk omdat ze vermoeden dat er een reeks voordelen aan verbonden is. Het lijkt of ze uitsluitend aan hun eigen welzijn denken, maar als Barbarossa arriveert houden ze stand, en Barbarossa komt er niet door. Het is 1174, Barbarossa staat voor de poorten, in Alessandria teert men weg van de honger, en daar verschijnt (zo wil de legende) de sluwe boer Gagliaudo die zich door de notabelen van de stad het weinige graan laat geven dat er bijeengeschraapt kan worden, zijn koe Rosina daarmee volpropt en haar mee-neemt om buiten de muren te grazen. Natuurlijk vangen de mannen van Barbarossa haar, snijden haar buik open en slaan steil achterover als ze zien dat ze zo vol met graan zit. En Gagliaudo, die heel goed de onnozele weet uit te hangen, ver-telt Barbarossa dat ze in de stad nog zó veel graan hebben dat ze het aan het vee moeten opvoeren. Laten we even terugke-ren naar Carducci, en denken aan dat leger van romantici dat de nacht beweent, de bisschop van Speyer die aan de mooie torens van zijn kathedraal denkt, paltsgraaf Ditpoldo met zijn blonde lokken die er zo langzamerhand wanhopig aan twijfelt of hij zijn Tecla nog zal weerzien, allen somber en be-drukt door het gevoel dat ze moeten 'sterven door de hand van handelslieden…' Het Duitse leger breekt zijn tenten af en gaat heen.

Zo luidt de legende. Het beleg was in werkelijkheid bloedi-ger, het schijnt dat de burgermilities van mijn stad zich op het veld goed geweerd hebben, maar de stad geeft er de voorkeur aan zich als haar held deze slimme en onbloedige boer te her-inneren, die niet al te veel militaire gaven heeft maar van één ding vast overtuigd is: dat alle anderen een beetje stommer zijn dan hijzelf.

EPIFANIEËN IN DE POVLAKTE

Ik weet dat ik deze herinneringen begin in de traditie van ons grote Alessandria, en ik kan me geen, hoe zal ik het zeggen, monumentalere introductie indenken. Maar aangezien ik denk dat de monumentale aanpak voor het beschrijven van een 'platte' stad als Alessandria de verkeerde is, geef ik er de voorkeur aan van nu af aan nederiger paden te bewandelen. Vertellen over de epifanieën. De epifanie (ik citeer Joyce) is 'als een plotselinge spirituele manifestatie, in een gesprek, een gebaar of een gedachtegang die het waard zijn herinnerd te worden'. Een dialoog, een stadsklok die opdoemt in de avondmist, de geur van verrotte kool, iets onbetekenends dat plotseling betekenis krijgt, dat waren de epifanieën die Joyce optekende in zijn mistige Dublin. En Alessandria heeft meer weg van Dublin dan van Constantinopel.

Het was een lentemorgen in 1943. De beslissing was genomen, we werden definitief geëvacueerd. Het lumineuze idee was bovendien naar Nizza Monferrato te evacueren, waar we de bombardementen zeker zouden ontlopen maar waar ik een paar maanden later, gevangen in het kruisvuur van fascisten en partizanen, zou leren in greppels te duiken om aan het spervuur van stenguns te ontkomen. Het was vroeg in de ochtend, en we waren op weg naar het station, de hele familie, in een huurrijtuig. Daar waar de Corso Cento Cannoni zich verbreedt naar de Valfré-kazerne, op die grote open plek die op dat uur uitgestorven was, meende ik in de verte mijn klasgenoot Rossini te ontwaren; ik ging staan, waardoor ik het voertuig deed schommelen, en riep hem met luide stem. Het was hem niet. Mijn vader raakte geërgerd. Hij zei me dat ik zoals gewoonlijk weer onbezonnen deed, dat je je zo niet hoort te gedragen, en dat je niet als een gek 'Verdini' schreeuwt. Ik preciseerde dat het Rossini was, hij zei dat het er niet toe deed of het nu Verdini of Bianchini was. Enkele maanden later, toen Alessandria voor de eerste keer door een bombardement was getroffen, vernam ik dat Rossini en zijn moeder onder het puin waren omgekomen.

Epifanieën hoor je niet uit te leggen, maar in deze herinnering zitten er minstens drie. Eén, ik was berispt omdat ik me had overgegeven aan overmatig enthousiasme. Twee, denk ik, ik had onbezonnen een naam uitgesproken. In Alessandria wordt elk jaar *Gelindo* opgevoerd, een herdersverhaal over Kerstmis. Het verhaal speelt zich af in Bethlehem, maar de herders praten en redeneren in het dialect van Alessandria. Alleen de Romeinse centuriones, Jozef en de Drie Koningen praten Italiaans (hetgeen uitermate komisch is). Nu komt iemand uit de familie van Gelindo, Medoro, de Drie Koningen tegen en vertelt hun argeloos genoeg de naam van zijn baas. Wanneer Gelindo dit te weten komt wordt hij razend en foetert Medoro uit. Je vertelt je naam niet aan Jan en Alleman en je noemt ook niet onbezonnen iemand anders bij de naam, in het openbaar, zodat iedereen het kan horen. Een naam is een kostbaar bezit, met namen moet terughoudendheid betracht worden. Een Amerikaan noemt je, als hij met je praat, in elke zin bij je naam en wil graag dat je hetzelfde bij hem doet. Een Alessandrijn kan een hele dag lang met je praten zonder je ooit bij de naam te noemen, zelfs niet wanneer hij je groet. Je zegt 'dag', of 'tot ziens', niet 'tot ziens, Giuseppe'.

Wat de derde epifanie betreft, die is dubbelzinniger. Mij staat nog steeds de aanblik voor de geest van die te grote open plek in de stad – als een jas die van vader op zoon is overgegaan – waarop dat kleine figuurtje zich aftekende, te ver van het rijtuig, en van een onduidelijke ontmoeting met een vriend die ik nooit zou weerzien. Op de vlakke en overdreven grote open plekken van Alessandria raak je elkaar kwijt. Als de stad werkelijk is uitgestorven, 's ochtends heel vroeg, 's nachts, of met Maria-Hemelvaart (maar een zondag tegen halftwee is ook goed) moet je (in deze zeer kleine stad) altijd een te lange weg afleggen om van het ene punt naar het andere te komen, en dit alles openlijk, terwijl een ieder die zich achter een hoek verstopt heeft of in een passerend rijtuig zit je zou kunnen zien, je intiemste gedachten zou kunnen lezen, je naam zou kunnen zeggen, je voor altijd kwijt zou kunnen raken. Alessandria is uitgestrekter dan de Sahara, doorsneden door onbestemde fata morgana's.

Dat is waarom de mensen weinig praten, elkaar met een

kort gebaar groeten en je (zichzelf) kwijtraken. Dit beïnvloedt de verhoudingen, haat evenzeer als liefde. Alessandria heeft, stedenbouwkundig gesproken, geen centra waar men bijeenkomt (misschien één, de Piazzetta della Lega), maar bijna alleen maar centra *waar men uiteengaat*. Daarom weet je nooit wie er is en wie er niet is.

Dat doet me denken aan een verhaal dat niet Alessandrijns is, maar het zou kunnen zijn. Salvatore verlaat op twintigjarige leeftijd zijn geboortedorp om naar Australië te emigreren, waar hij veertig jaar lang in ballingschap leeft. Op zijn zestigste haalt hij zijn spaarcenten van de bank en keert naar huis terug. En terwijl de trein het station nadert, fantaseert Salvatore: zal hij zijn kameraden, zijn vroegere vrienden aantreffen in de bar van zijn jeugd? Zullen ze hem herkennen? Zullen ze hem feestelijk onthalen, hem brandend van nieuwsgierigheid vragen zijn avonturen tussen de kangoeroes en de aboriginals te vertellen? En dat meisje dat…? En de drogist op de hoek? En ga zo maar door…

De trein rijdt het verlaten station binnen, Salvatore stapt uit op het door de hete middagzon beschenen perron. In de verte staat een gebogen mannetje, een spoorwegbeambte. Salvatore bekijkt hem beter, herkent die figuur ondanks de gekromde schouders, het door veertig jaar rimpels getekende gelaat: natuurlijk, het is Giovanni, zijn oude schoolkameraad! Hij steekt zijn hand op, loopt verwachtingsvol op hem toe, wijst met zijn bevende hand op zijn eigen gezicht alsof hij wil zeggen 'ik ben het'. Giovanni kijkt hem aan, lijkt hem niet te herkennen, en tilt dan zijn kin op ten teken van groet: 'Hé, Salvatore! Wat doe je, ga je op reis?'

In de grote Alessandrijnse woestijn wordt men geplaagd door koortsige adolescenties. 1942, en ik op de fiets, tussen twee en vijf uur op een middag in juli. Ik zoek iets, van de Citadel naar de Renbaan, dan van de Renbaan naar de Tuinen, en van de Tuinen richting station, dan steek ik de Piazza Garibaldi over, rijd om de gevangenis heen, sla opnieuw de weg naar de Tanaro in, maar dan via het centrum. Er is niemand. Ik heb maar één doel, de kiosk bij het station waar ik een boekje van uitgeverij Sonzogno gezien heb, wellicht al jaren oud, met een uit het Frans vertaald verhaal dat me fascinerend lijkt. Het kost een lire en een lire is precies wat ik op zak heb. Koop ik het of koop ik het niet? De andere winkels zijn, of lijken, dicht. Mijn vrienden zijn op vakantie. Alessandria is slechts ruimte, zon, piste voor mijn fiets met pokdalige buitenbanden, het boekje bij het station is de enige belofte van narrativiteit, en dus van realiteit. Vele jaren later kreeg ik last van een soort stroomstoring, een kortsluiting tussen herinnering en daadwerkelijk beeld, toen ik met een slingerend vliegtuig landde in het midden van Brazilië, in San Jesus da Lapa. Het vliegtuig kon niet aan de grond komen omdat er twee slaperige honden midden op de cementen landingsbaan lagen en zich niet verroerden. Wat is het verband? Geen enkel, zo werken epifanieën nu eenmaal.

Maar die dag, die dag van de lange verleiding, tussen mij en het Sonzogno-boek, tussen het boek en mij, tussen mijn verlangen en de zwoele weerstand van de Alessandrijnse ruimten – en wie weet was het boek niets anders dan het scherm, het masker van andere verlangens die mijn lichaam en mijn fantasie, die toentertijd nog geen vis en geen vlees waren, reeds verzwakten – dat eindeloze verliefde gepeddel in de zomerse leegte, die concentrische vlucht, blijven in al hun gruwel een herinnering die door haar zoetheid en – ik zou bijna zeggen – etnische trots hartverscheurend is. Zo zitten we in elkaar, net als de stad. Om mijn verhaal af te maken, mocht het jullie interesseren: ik nam een besluit en kocht het boek. Voorzover ik me herinner was het een imitatie van *L'Atlantide* van Pierre Benoit, maar met wat extra Verne erin. Bij het ondergaan van de zon had ik – binnen in huis gezeten – Alessandria al verlaten, voer ik over de bodem van stille zeeën, zag ik andere zonsondergangen en andere horizons. Toen mijn vader thuiskwam merkte hij op dat ik te veel las en zei hij tegen mijn moeder dat ik vaker naar buiten moest. Terwijl ik juist bezig was af te kicken van het teveel aan ruimte.

NOOIT OVERDRIJVEN

Het was een schok voor me toen ik, ouder, in Turijn naar de universiteit ging. Turijners zijn Fransen, of in elk geval Kelten, geen Ligurische barbaren zoals wij. Mijn nieuwe medestudenten arriveerden 's ochtends in de gangen van Palazzo Campana met een mooi overhemd en een mooie das, glimlachten naar me en liepen met uitgestoken hand op me toe: 'Hallo, hoe gaat het met je?' Zoiets was me nog nooit overkomen. Als ik mijn vrienden in Alessandria tegenkwam, stonden ze altijd met overgave een muur te stutten, keken me met halfgeloken oogleden aan en zeiden met beschroomde hartelijkheid 'Hé, slome!' tegen me. Negentig kilometer verschil, en al meteen een heel andere beschaving. Ik ben er nog zo van doordrenkt dat ik haar superieur blijf noemen. Hier bij ons liegen we niet.

Toen ze op Togliatti hadden geschoten, ontstond er enorme beroering. Zo nu en dan winden de Alessandrijnen zich op. De Piazza della Libertà, voorheen Rattazzi, stroomde vol. Toen kwam de radio tussenbeide en verspreidde het bericht van de overwinning van Bartali in de Tour de France. Een superbe zet van de *mass media* die, zegt men, in heel Italië effect sorteerde. In Alessandria werkte het echter niet goed, wij zijn slim, ze kunnen ons Togliatti niet zomaar doen vergeten met een wielrenverhaaltje. Maar plotseling verscheen er een vliegtuig boven het stadhuis. Het was waarschijnlijk de eerste keer dat er een reclamevliegtuig boven Alessandria vloog, en ik herinner me niet meer waarvoor het reclame maakte. Het was geen duivels plan, het was toeval. De Alessandrijn is wantrouwig ten aanzien van duivelse plannen, maar erg inschikkelijk ten aanzien van het toeval. De menigte keek naar het vliegtuig, becommentarieerde de nieuwe vondst (een goed idee, weer eens wat anders dan anders, wat ze allemaal niet verzinnen, ze bedenken ook van alles). Iedereen zette afstandelijk zijn mening uiteen en verwoordde zijn diepgewortelde overtuiging dat het ding in elk geval de algemene curve van de entropie en de thermische dood van het universum niet zou aantasten – zo zeiden ze het niet precies, maar dat is wat de Alessandrijnen met elk half woord dat ze zeggen bedoelen. Toen ging iedereen naar huis, omdat de dag geen verdere verrassingen in petto had. Togliatti moest het verder maar alleen zien te redden.

Ik kan me voorstellen dat deze verhalen, verteld aan anderen (ik bedoel niet-Alessandrijnen) afgrijzen kunnen wekken. Ik vind ze subliem. Ik vind ze equivalent aan andere sublieme epifanieën die ons geboden worden door de geschiedenis van een stad die het voor elkaar krijgt zichzelf te laten bouwen met hulp van de paus en van de Lombardijse Liga, die uit tegendraadsheid standhoudt tegen Barbarossa maar vervolgens niet deelneemt aan de slag bij Legnano. Van een stad waarover in een legende verteld wordt dat koningin Pedoca helemaal uit Duitsland komt om haar te omsingelen en bij aankomst wijnstokken plant en zweert niet weg te zullen gaan voordat ze wijn zal hebben gedronken die gemaakt is van die druiven. Het beleg duurt zeven jaar, maar een vervolg op de legende wil dat Pedoca, verslagen door de Alessandrijnen, een geëxalteerd ritueel van woede en destructie volvoert en de wijn uit de vaten op de dorre grond giet, als een mystieke toespeling op een groots en barbaars bloedoffer. De grillige en poëtische koningin Pedoca, die zichzelf straft door af te zien van haar eigen genot teneinde dronken te worden van een, zij het symbolisch, bloedbad… De Alessandrijnen kijken toe, registreren, en de enige conclusie die ze eruit trekken is dat ze voortaan, om de domheid van iemand aan te geven, zullen zeggen: 'Zo slim als Pedoca.'

Alessandria, waar Franciscus van Assisi langskomt en een

wolf bekeert, net als in Gubbio, alleen houden ze er in Gubbio nooit over op, terwijl Alessandria het vergeet, want wat moet een heilige anders doen dan wolven bekeren? En wat begrepen de Alessandrijnen nu van deze enigszins theatrale en hysterische Umbriër die in plaats van te gaan werken met vogeltjes praatte?

Vanwege hun handelsbelangen voeren de Alessandrijnen oorlogen en zoeken ze ruzie, maar als ze in 1282 de brug van Pavia van haar kettingen ontdoen en deze als trofee in de Dom leggen, hangt de koster ze na een tijdje in de schoorsteen van zijn keuken en merkt niemand het. Ze plunderen Casale, stelen de engel die op de toren van de kathedraal staat, en hoe het zit weet niemand maar uiteindelijk zijn ze hem weer kwijt.

Als je de eerste bladzijden van de *Gids voor het legendarische, mysterieuze, ongewone, fantastische Italië* (Sugar) doorbladert, met daarin een reeks kaartjes waarop te zien valt waar zich in de noordelijke provincies fantastische wezens bevinden, zul je zien dat de provincie Alessandria uitmunt door maagdelijkheid: er zijn geen heksen, duivels, feeën, elfen, tovenaars, monsters, spoken, grotten, labyrinten of schatten; het enige waar ze zich op kan laten voorstaan is een 'bizar gebouw', maar je zult moeten toegeven dat dat niet veel is.

Wantrouwen jegens het mysterie. Argwaan jegens het noumenon. Een stad zonder idealen of passies. In de tijd dat nepotisme een deugd was verjaagt Pius v, paus uit Alessandria, zijn verwanten uit Rome en zegt dat ze het zelf maar moeten uitzoeken; Alessandria, dat eeuwenlang bewoond is door een rijke joodse gemeenschap, vindt niet eens de morele kracht om antisemiet te worden en vergeet te gehoorzamen aan de bevelen van de inquisitie. De Alessandrijnen zijn nooit warm gelopen voor enige Heldhaftige Deugd, zelfs niet toen deze de uitroeiing van Andersdenkenden predikte. Alessandria heeft nooit de behoefte gevoeld anderen met het zwaard een geloof op te leggen; het heeft ons nooit een linguïstisch model geboden voor radio-omroepers, het heeft geen wonderen van kunst geschapen voor het behoud waarvan men kan intekenen, het heeft nooit iets gehad dat het de mensen kon leren, niets waarop zijn zonen trots kunnen zijn; en trouwens, Alessandria heeft op zijn beurt ook nooit enige moeite gedaan om trots te zijn op zijn zonen.

Je moest eens weten hoe trots we ons voelen nu we ontdekken dat we zonen zijn van een stad zonder retoriek en zonder mythen, zonder missies en zonder waarheden.

DE MIST BEGRIJPEN

Alessandria bestaat uit grote lege en slaperige ruimten. Maar opeens, op sommige herfst- of winteravonden, wanneer de stad is ondergedompeld in de mist, verdwijnen de leegten en duiken uit het melkachtige grijs, in het licht van de straatlantaarns, richels, hoeken, plotse façades, donkere vertekeningen op uit het niets, in een nieuw spel van nauwelijks aangezette vormen, en wordt Alessandria 'mooi'. Stad die gemaakt is om gezien te worden in de schemering, terwijl je langs de muren schuift. Ze moet haar identiteit niet zoeken in de zon, maar in de dichte mist. In de mist loop je langzaam, moet je de routes kennen om niet te verdwalen, maar toch kom je altijd ergens uit.

De mist is goed en beloont wie hem kent en van hem houdt trouw. Wandelen in de mist is mooier dan wandelen in de sneeuw die je met je bergschoenen vertrapt, omdat de mist je niet alleen van onderen maar ook van boven tot troost is, omdat je hem niet vies maakt, niet verwoest, omdat hij liefdevol om je heen glijdt en zich achter je weer samenvoegt, hij je longen vult als goede tabak, een sterke en gezonde geur heeft, je wangen liefkoost en binnendringt tussen je kraag en je kin waarbij hij je hals prikkelt, omdat hij je van verre spoken laat zien die oplossen als je er dichterbij komt, of plotseling wellicht reële figuren voor je doet oprijzen, die je ontwijken en in het niets verdwijnen. Helaas zou het daar altijd oorlog voor moeten zijn, en verduistering, pas in die tijd liet de mist zich van zijn beste kant zien, maar je kunt niet altijd alles hebben. In de mist ben je beschut tegen de buitenwereld, rechtstreeks in contact met je innerlijk leven. *Nebulat ergo cogito.*

Wanneer er boven de Alessandrijnse vlakte geen mist hangt motregent het gelukkig, vooral 's ochtends vroeg. Een soort nevelachtige dauw stijgt op, en in plaats van de velden te verlichten doet hij hemel en aarde in elkaar overlopen, waarbij hij je gezicht enigszins vochtig maakt. Anders dan bij mist is het zicht buitengewoon goed, maar het landschap blijft overwegend monochroom, alles versmelt tot delicate grijstinten en doet geen pijn aan je ogen. Je moet de stad uitgaan en over provinciale wegen rijden, beter nog over paden langs een recht kanaal, op de fiets, zonder sjaal, met een krant onder je jas om je borst te beschermen. Op de velden van Marengo, waar de maan schijnt en een bos tussen de Bormida en de Tanaro donker woelt en loeit, zijn al twee slagen gewonnen (1174 en 1800). Het klimaat doet goed.

SAN BAUDOLINO

De beschermheilige van Alessandria is Baudolino ('O Baudolino – wat wij wensen – is bescherming voor het bisdom – en voor de mensen'). Paolo Diacono vertelt er het volgende over:

Ten tijde van Liutprando, op een plek die Foro heette, dicht bij de Tanaro, schitterde een man van wonderbare heiligheid, die met hulp van de genade van Christus vele wonderen verrichtte, zodat hij vaak de toekomst voorspelde, en toekomstige zaken aankondigde alsof ze tegenwoordig waren. Op een keer was de koning komen jagen in het bos van Orba en gebeurde het dat een van zijn mannen, die aanlegde om een hert te doden, met

een pijl de neef van de koning verwondde, het zoontje van zijn
zuster, Anfuso genaamd. Toen Liutprando, die zeer veel van de
jongen hield, dit zag begon hij te wenen om het onheil en stuur-
de onmiddellijk een van zijn ridders naar de man van God,
Baudolino, hem smekend of hij tot Christus wilde bidden voor
het leven van de ongelukkige jongen.

Hier onderbreek ik het citaat een ogenblik, op 'at de lezer zijn
voorspellingen kan doen. Wat zou een normale, dat wil zeggen niet-Alessandrijnse, heilige gedaan hebben? En nu gaan
we verder met het verhaal en geven het woord opnieuw aan
Paolo Diacono:

Terwijl de ridder op weg ging, stierf de jongen. En zo kwam het
dat de profeet, toen hij hem aan zag komen, aldus tot hem
sprak: 'Ik weet de reden van je komst, maar dat wat je vraagt is
onmogelijk, want de jongen is reeds gestorven.' Toen hij die
woorden hoorde gaf de koning, hoe bedroefd hij ook was dat
hij geen baat had gehad bij diens gebed, evenwel openlijk toe
dat de man van de Heer, Baudolino, begiftigd was met een pro-
fetische geest.

Ik zou zeggen dat Liutprando zich goed gedraagt en de les van
de heilige begrijpt. Namelijk dat je, in het echte leven, niet te
veel wonderen kunt verwachten. En een wijs man is hij die
zich bewust is van de noodzaak. Baudolino verricht het wonder dat hij een goedgelovige Longobard ervan overtuigt dat
wonderen een uiterst zeldzaam goed zijn.

ITALIË 2000

Aan het eind van het millennium was Italië een confederatie geworden die formeel gezien de Noord-Italiaanse Republiek, de Kerkelijke Staat, het Koninkrijk der Twee Siciliën en het Vrije Territorium van Sardinië met elkaar verbond. Maar Italië, de op Elba verrezen federale hoofdstad, herbergde praktisch alleen de GID (Gladio Inlichtingendienst) en was voortdurend het toneel van aanslagen, zodat het regeringspaleis, het Driekleurige Huis – dat overigens verlaten was – door architectenbureau Portoghesi & Gregotti noodgedwongen ontworpen was als een neogotische bunker.

In Sardinië, dat door Aga Khan getransformeerd was tot een immens drijvend speelhol, met op de hoogvlakten gigantische zwembaden (de oude stranden herbergden Syrische vlootbases), baadde men in ongekende weelde.

Het Koninkrijk der Twee Siciliën had zich losgemaakt van het Noorden en was opgebloeid onder de dynastie van de familie Carignano d'Aosta. In 1995 werden de burgers van Noord-Italië, tijdens de bloedige Lombardijse Vespers, onder bedreiging van vuurwapens gedwongen de zin *ent'el cü* (oftewel 'lik me reet') te zeggen, en iedereen die hier zijn tong over brak werd gedeporteerd naar gene zijde van de Gotische Linie. Door de gedwongen emigratie van de pizzabakkers was er een as Posillipo-Brooklyn (Pizza Nostra) ontstaan: geweldige hoeveelheden Amerikaans graan werden onder de prijs verzonden om calzones te maken voor de immense Afrikaanse markt. De verschillende steden in de Twee Siciliën hadden alle standbeelden van Mazzini en Garibaldi, plus de monumenten voor de gevallenen, aan Amerikaanse musea verkocht, en op een veiling bij Christie's had een *Nino Bixio* in brons de gemeente Bronte tachtig miljard dollar opgeleverd. Gela was inmiddels het voornaamste distributiecentrum voor Iraakse petroleum geworden.

De Kerkelijke Staat (van de Rubicon tot Cassino) had de Uffizi, de Vaticaanse musea en het hertogelijk paleis van Urbino in beheer gegeven aan Japanse ondernemers, en het herboren Bagnoregio was het mondiale centrum geworden van de productie van Davies, Michelangelo-achtige plastic beeldjes die aangekleed konden worden als kardinaal, huzaar of cowboy, met bijpassende luiers en de mogelijkheid zetpillen in het zitvlakje te stoppen. Een miljoenenbusiness.

Toen Rome eenmaal bevrijd was van de druk van de Savooise bureaucratie braken er voor de stad weer gouden tijden aan, met een bloeiend getto bij de Portico d'Ottavia dat diende als vrijhaven voor de Arabische Emiraten. Uit de hele wereld stroomden toeristen toe om de terechtstellingen bij te wonen (erg in trek was het afsnijden van de penis bij mannen die betrapt waren op het smokkelen van werken van Moravia). De plotselinge rijkdom had echter een negatieve weerslag gehad op de heersende ecclesiastische klasse: het was zelfs uitgekomen dat het Conclaaf een Braziliaanse travestiet met de naam Moana 1 verkozen had.

Een zware economische crisis daarentegen in Noord-Italië. Beroofd van een afzetgebied op de mediterrane markt, ondervond het moeilijkheden bij het verkopen van wijnen aan Frankrijk, horloges aan Zwitserland, bier aan Duitsland, rekenmachines aan Japan en het nieuwe model Alfa Romiti aan Zweden. De uitwijzing van de zuiderlingen en de daling van het geboortecijfer hadden een industriële crisis veroorzaakt (waaraan alleen Pirelli ontkwam, die het wijdverbreide condoom Penex produceerde). Aanvankelijk werden de studenten van de Bocconi Handelsuniversiteit gesommeerd aan de lopende band te komen staan, daarna had men in arren moede Russische immigranten binnengehaald. Resultaat: kruiperig racisme, *wolgawolga* was een bittere belediging geworden en er verschenen bordjes met HIER WORDT NIET VERHUURD AAN MOEZJIEKS.

Noord-Italië leed onder de 'migratorische aardbeving'. De Oost-Duitsers hadden de Turkse arbeiders verjaagd, die verhuisd waren naar Spanje, dat in een mum van tijd weer een mohammedaans land was geworden, met intensieve handelsbetrekkingen met het Emiraat van Jeruzalem; vanwege het teveel aan mankracht uit het Oosten waren de Duitse arbeiders Frankrijk binnengevallen (ze staken de Marne zwemmend over en haastten zich in lange rijen taxi's naar Parijs), terwijl de Afrikaanse arbeiders, die door Noord-Italië naar de Gotische Linie waren verjaagd en door de Duitsers naar Marseille, waren uitgestroomd over Midden-Europa. Hoewel de Duitsers zich aanvankelijk wantrouwig hadden opgesteld ten aanzien van deze venters die geringschattend *woll-du-kauf* werden genoemd, waren ze uiteindelijk gedwongen de constitutie van een *Deutsch-Afrikanisches Kaisertum* te aanvaarden en de ijzeren kroon aan te bieden aan Friedrich Aurelius Luambala I.

Door de Afrikaanse pressie samengeperst in het noorden en verbannen van de markten in het zuiden, maakte de Noord-Italiaanse Republiek inmiddels een periode van economisch verval door. Op de standbeelden van de Stichter Bossi schreven onbekende handen 's nachts *ent'el cü*.

VERANTWOORDING

De bibliotheek, Bert Bakker, Amsterdam 1981. *De bibliotheek* is de tekst van een lezing die werd gehouden op 10 maart 1981 ter gelegenheid van het 25-jarig bestaan van de stadsbibliotheek van Milaan in het Palazzo Sormani.

'Tot onze spijt… (leesrapporten voor de uitgever)' en 'De ontdekking van Amerika', uit: *Onderstboven. Kleine kroniek I.* Bert Bakker, Amsterdam 1992.

'Het wereldkampioenschap en zijn show', uit: *De alledaagse onwerkelijkheid. Essays.* Bert Bakker, Amsterdam 1985.

'Het wonder van San Baudolino' en 'Italië 2000', uit: *Omgekeerde wereld. Kleine kroniek.* Bert Bakker, Amsterdam 1993.

Mo Yan, *Het rode korenveld*
Kees Momma, *En toen verscheen een regenboog*
Toni Morrison, *Beminde*
Toni Morrison, *Het lied van Solomon*
Toni Morrison, *Jazz*
Toni Morrison, *Paradijs*
Melissa Müller, *Anne Frank, de biografie*
Gina B. Nahai, *Het noodlotskind*
Nicholas Negroponte, *Digitaal leven*
Marlene van Niekerk, *Triomf*
Martinus Nijhoff, *Lees maar, er staat niet wat er staat*
Anaïs Nin, *Erotica*
Michael Ondaatje, *De Engelse patiënt*
Michael Ondaatje, *De verzamelde werken van Billy the Kid*
Michael Ondaatje, *In de familie*
Michael Ondaatje, *In de huid van een leeuw*
Frits van Oostrom, *Het woord van eer*
Susie Orbach & Luise Eichenbaum, *Wat willen vrouwen eigenlijk*
Charles Palliser, *De Quincunx*
Charles Palliser, *Dolende geesten*
Anna-Karin Palm, *De dochters van de schilder*
Maïra Papathanassopoulou, *De Judaskus*
John Allen Paulos, *Er was eens een getal*
John Allen Paulos, *Ik denk dus ik lach*
Régine Pernoud, *Hildegard van Bingen*
Leslie Pietrzyk, *Peren aan een wilg*
Robert M. Pirsig, *Lila*
Robert M. Pirsig, *Zen en de kunst van het motoronderhoud*
Herman Pleij, *Hollands welbehagen*
Herman Pleij, *Tegen de barbarij*
Vic van de Reijt (samensteller), *Ik wou dat ik twee hondjes was*
Lydia Rood, *Gedeelde genoegens*
Lydia Rood, *Het boek Job*
Lydia Rood, *Louter lust*
Lydia Rood, *Nframa, zwarte ster*
Lydia Rood, *Samen in een familiegraf*
Lydia Rood, *Zo veel zinnen*
Arundhati Roy, *De God van Kleine Dingen*
Annelie Rozeboom, *Wachtend op de Dalai Lama*
Harriet Rubin, *De vorstin*
D.A.F. de Sade, *De 120 dagen van Sodom*
Riana Scheepers (samensteller), *Dochters van Afrika*
Hugh Seymour-Davies, *Tapas bij de thee*